1781

Valentin Gendrot

BULLE

Undercover in der Polizei von Paris

Aus dem Französischen
von Martin Bayer

HOFFMANN UND CAMPE

Die Originalausgabe erschien 2020 unter dem Titel
Flic. Un journaliste a infiltré la police bei Éditions Goutte d'Or, Paris.

1. Auflage 2022

www.hoffmann-und-campe.de
Umschlaggestaltung: Vivian Bencs © Hoffmann und Campe
Umschlagabbildung: © Alamy / Chun Ju Wu
Satz: Pinkuin Satz und Datentechnik, Berlin
Gesetzt aus der Adobe Garamond und der Akzidenz
Druck und Bindung: GGP Media GmbH, Pößneck
Printed in Germany
ISBN 978-3-455-01158-6

HOFFMANN
UND CAMPE

Ein Unternehmen der
GANSKE VERLAGSGRUPPE

VORBEMERKUNG DER HERAUSGEBER

Das hat noch kein Journalist versucht, geschweige denn fertiggebracht: sich in die Polizei einzuschleichen. Es hat schon Reporter gegeben, die sich inkognito als Schwarzarbeiter auf Baustellen (Günter Wallraff in Deutschland) oder als Gefängniswärter (Ted Conover in den USA, Arthur Frayer in Frankreich) verdingt haben oder sich als Patienten in psychiatrische Kliniken einweisen ließen (Nellie Bly in den USA, Albert Londres in Frankreich). Aber mit *Bulle*[1] nimmt uns zum ersten Mal ein Journalist auf eine Undercoverentdeckungsreise in ein französisches Polizeirevier mit.

Als dem Journalisten Valentin Gendrot die Idee dazu kommt, ist er 29 Jahre alt und kann sich bereits sechs erfolgreicher Undercoverreportagen rühmen. In den vergangenen drei Jahren hat er sich in mehreren Jobs umgeschaut: Er war Fließbandarbeiter im Autowerk, ist als Vertreter von Tür zu Tür gegangen und war in einem Callcenter tätig. Die Erfahrungen daraus verarbeitet er in einem ersten Buch, das unter dem Pseudonym Thomas Morel mit dem Titel *Les Enchaînés, un an avec des travailleurs précaires et sous-payés*[2] 2017 im Verlag Les Arènes erscheint.

1 Der Originaltitel des Buches lautet *Flic*, eine Bezeichnung für Polizisten in Frankreich, die sich mit »Bulle« nur unzureichend ins Deutsche übertragen lässt. (A. d. Ü.)

2 Etwa »Kettensträflinge. Ein Jahr in der Welt des Prekariats und der Unterbezahlten«. (A. d. Ü.)

Warum wollte sich Valentin jetzt unbedingt bei der Polizei einschleichen? Einmal, um ein persönliches Ziel zu erreichen – er wollte der Erste sein, der das hinkriegt. Außerdem aber suchte er Antworten auf brennende Fragen. Was passiert hinter den Mauern eines Polizeireviers? Wie kommt es, dass Polizisten so häufig gewalttätig werden? Herrschen in der französischen Polizei rassistische Vorurteile? Warum ist es so schwierig, einen Polizisten im Dienst zu belangen? Aber auch: Was geht eigentlich in den Köpfen dieser Männer und Frauen vor, die so mit ihrem schlechten Image zu kämpfen haben? Warum beklagen sich diese Staatsbeamten andauernd über ihre Lage? Und warum ist die Selbstmordrate unter Polizisten so hoch, dass man bei diesem Beruf inzwischen von einer »Selbstmordkatastrophe« spricht?

Da er im Internet bisher nicht in Erscheinung getreten war, konnte sich Valentin Gendrot unter seinem echten Namen für die Ausbildung zum *Adjoint de sécurité* (ADS) einschreiben, als Hilfspolizist also, ganz unten auf der Karriereleiter. Der Kurs an der Polizeischule Saint-Malo dauert nur drei Monate gegenüber durchschnittlich zwölf Monaten bei der Ausbildung zum Streifenpolizisten. Laut den Worten eines der Ausbilder wird durch diesen Schnellkurs eine »Billigpolizei« auf die Öffentlichkeit losgelassen. Davon zeugt etwa die Unterrichtseinheit zum Umgang mit Opfern häuslicher Gewalt: Sie dauert ganze drei Stunden.

Nach dem Abschluss findet Valentin nicht gleich den Posten, den er sich wünscht, er arbeitet zunächst als Fahrer in der psychiatrischen Ambulanz der Polizeipräfektur Paris. Er wartet ein Jahr, bis endlich eine Stelle als »Flic« im Revier des 19. Arrondissements in Paris frei wird, weil er in einem sozialen Brennpunkt eingesetzt werden will, einem Viertel, in dem die Beziehungen zwischen Polizei und Bewohnern als schwierig gelten.

Schon am ersten Tag hat Valentin das Gefühl, in eine »Bande« geraten zu sein, er ist entsetzt. Seine Polizistenkollegen duzen, beleidigen und schlagen die »Bastarde«, wie sie sie nennen: meist junge männliche Schwarze, Araber und Migranten. Der »Verhaltenskodex für Polizeiarbeit und Streifendienst«, wie er an der Polizeischule gelehrt wird, scheint ihm für eine andere Welt geschrieben zu sein, ein Bürokratenerzeugnis, das mit der Realität nichts zu tun hat.

Bulle zeigt den Alltag der Polizisten, die zwischen dem mangelnden Verständnis der Vorgesetzten einerseits und der Feindseligkeit eines Teils der Bevölkerung andererseits zerrieben werden. Valentin und seine Kollegen arbeiten in einem baufälligen Polizeirevier und fahren einen schrottreifen Wagenpark. Wenn am Monatsende das Gehalt überwiesen wird, sind es ganze 1340 Euro netto. Ein Bericht des französischen Senats von 2018 stellt fest, dass manche Polizisten im Großraum Paris am Anfang ihrer Laufbahn »zu fünft oder mehr auf 20 Quadratmetern [...] und mitunter sogar in ihrem Auto schlafen«.

Während Valentins Undercoverzeit schießt ein Kollege sich mit der Dienstpistole im Urlaub in den den Kopf. Ein Selbstmord unter insgesamt 59 bei der französischen Polizei im Jahr 2019, eine Steigerung um 60 Prozent gegenüber dem Vorjahr.

Valentin Gendrot versteckt nichts. Er berichtet von einem gewalttätigen Übergriff eines Kollegen, aber auch, wie er sich an der Verfälschung des Protokolls beteiligt, um den Kollegen zu decken. Er taucht vorbehaltlos in die Rolle ein und lässt uns so die verborgene Welt der Polizisten entdecken, die noch kein Außenstehender zu sehen bekommen hat.

Um seine ehemaligen Kollegen vor Repressalien im Dienst oder im Privatleben zu schützen, hat der Autor die Identität aller Polizisten, die er in seinem Buch zitiert, verschleiert. Äußerliche Merkmale, Vor- und Familiennamen sind verändert.

Dieses Buch erzählt von einer bestimmten Epoche. Es führt uns in die Amtszeit des Präsidenten Emmanuel Macron, die von einer enormen Zunahme polizeilicher Gewalttaten gegen die Bewegung der Gelbwesten geprägt ist. 2020 haben sich vor dem

Tribunal de Paris mehr als 20 000 Bürger unter dem Motto »Black Lives Matter« über Übergriffe der Polizei beschwert. Gleichzeitig haben journalistische Recherchen von *Mediapart*[3], Arte radio[4] und *StreetPress*[5] vielfache diskriminierende und rassistische Äußerungen von Mitgliedern der Ordnungskräfte enthüllt.

Angesichts der Empörung über diese Berichte hat Emmanuel Macron von Innenminister Christophe Castaner Maßnahmen zur »Verbesserung des Verhaltens der Ordnungskräfte« verlangt. Am Tag darauf erklärt der Minister: »In den vergangenen Wochen haben zu viele [Polizisten] bei der Erfüllung ihrer Pflichten versagt. Rassistische Äußerungen und diskriminierende Handlungen sind ans Licht gekommen. Das ist nicht hinnehmbar.« Frankreichs »erster Polizist« räumt zum ersten Mal ein, dass seine Behörde ein Problem hat. Ein Problem namens Rassismus.

Sich in die Polizei einschleusen? Man könnte glauben, mit einem solchen Vorhaben solle die Polizei bloßgestellt und angegriffen werden. Wer *Bulle* liest, wird sehen, dass das nicht der Fall ist. Valentin Gendrot berichtet, was er sieht, was er erkennt und was ihm missfällt, aber er schildert die Polizisten und die Opfer ihrer Übergriffe stets als Menschen.

Im Lauf der Zeit verändern sich seine Sprache und sein Verhalten. Er fragt sich selbst: Erfasst mich der Korpsgeist der Polizei? Verliere ich das Mitgefühl? Überrascht muss er feststellen, dass die Polizei, in die er sich einschleicht, sich auch in ihn einschleicht.

Geoffrey Le Guilcher, Clara Tellier Savary und Johann Zarca
Éditions Goutte d'Or

3 Camille Polloni, »›Bougnoules‹, ›nègres‹, ›fils de pute de juifs‹: quand des policiers racistes se lâchent«, *Mediapart*, 4. Juni 2020.

4 Ilham Maad, »Gardiens de la paix«, Arte radio, 4. Juni 2020.

5 Ronan Maël, »Des milliers de policiers s'échangent des messages racistes sur un groupe Facebook«, *StreetPress*, 4. Juni 2020.

Gewidmet
meinem lieben Papa,
La Merguez
und Marcelo.

KAPITEL 1

»Was hast du da gerade gemacht?«

Toto[6] drängt den Typen und sein Schild gegen das Bushäuschen. Er nimmt ihn jetzt auseinander, ganz klar. Um uns herum bleiben die Leute stehen, ein paar zücken ihre Smartphones und filmen die Szene.

»Da rüber!«, weist mich François an. »Wir bilden einen Sicherheitskordon!«

Dies ist eine meiner ersten Schichten mit der Gruppe, und sie haben endlich einen geschnappt. Sie nennen sie Bastarde. Und wenn sie ausrücken, dann geht es auf Bastardjagd. Mit diesem hier hat Toto nicht allzu viel Mühe gehabt. Er ist bloß ein Hänfling, ganz klar noch minderjährig. Ein *kleiner* Bastard also.

Ich behalte die Umgebung im Blick. Niemand darf die beiden stören. Meine Kiefermuskeln sind angespannt. Ich halte die Hände an der Seite, die linke ein paar Zentimeter neben meiner Knarre. Mir gegenüber stehen die Kumpels des Hänflings und starren mich feindselig an. Ich schwitze und zittere. Mein Adrenalinspiegel steigt. Mein Herz hämmert.

»Gehen Sie vorbei, nicht hier entlang«, scheuche ich die Passanten weiter, die sich in meine Richtung verirren.

6 Alle Vor- und Nachnamen wurden geändert.

Ich drehe mich um, der Typ steht immer noch gegen das Bushäuschen gedrückt da. Die Szene erscheint mir endlos.

»Aufsitzen, abrücken!«, ruft François hinter mir.

Wir steigen alle sechs in den weißen Mannschaftswagen, den Jungen nehmen wir mit. Toto drückt aufs Gaspedal. Hinten kullern wir alle auf unseren Sitzen durcheinander. Eile ist angesagt. Der verängstigte junge Mann sitzt zwischen uns, aber keiner fasst ihn an, das kommt nicht infrage. Diese Geschichte wird zwischen ihm und Toto geklärt.

Wir rasen die Pariser Hauptverkehrsstraßen entlang, raus aus unserem Sektor, ich kenne mich hier nicht mehr aus. Wir erreichen Pantin. Was wollen wir hier? Wir dürfen das 19. Arrondissement nicht verlassen.

Toto hält mitten auf der Straße an. Er steigt aus, reißt die Schiebetür auf und steigt zu uns ins hintere Abteil. Er traktiert den Typ mit den Fäusten, packt ihn an den Haaren.

»Was war das gerade, was du gemacht hast? Hm?«

Einer der Kollegen sagt mir, ich solle aussteigen und Schmiere stehen. Ich springe auf die Fahrbahn, lasse die Schiebetür hinter mir zuschnappen und fasse mich draußen in Geduld. Der Wagen bebt, ich höre Schreie. Ich warte ab und behalte das Kommen und Gehen der Passanten im Blick. Die Tür öffnet sich wieder, die Stimme des Flics donnert:

»Alles klar, hast du's jetzt kapiert? Dann ab, raus mit dir!«

Der Typ steigt aus, weit vornübergekrümmt. Er hält sich den Kopf mit beiden Händen, wirkt verwirrt. Schließlich murmelt er:

»Das ist … die französische Polizei?«

Wir lassen ihn da stehen, alleine, kilometerweit entfernt von dem Punkt, an dem wir ihn aufgegriffen haben. Das gehört zur Bestrafung.

Ich trage die Uniform des Hilfspolizisten noch keine zwei Wochen, und schon bin ich zum Komplizen bei der Misshandlung eines jungen Migranten geworden. Wohin wird mich diese

Geschichte noch führen? Ich kehre auf meinen Sitz hinten im Mannschaftswagen zurück.

»Er hat mir sein Handy an die Augenbraue geknallt«, erzählt uns Toto. »Er hat mich mit seinem Handy geschlagen, als ich an der Porte de la Villette ausgestiegen bin, während ihr die beiden Migranten kontrolliert habt. Gut … ich glaube, es war nicht mal Absicht.«

»Mach dir nichts draus. Typen wie den sollte man alle umbringen«, knurrt Bison.

Polizisten sind verpflichtet, jeden Einsatz, eine sogenannte *mission*, zu protokollieren und jede Schicht in allen Einzelheiten im MCI, dem »Computerisierten Informationssystem für laufende Vorgänge« zu dokumentieren. Das heißt bei uns *GE* für *gestion des évènements* (»Ereignisbericht«), also ein Tagesprotokoll für die Schicht. Dieser Einsatz wird darin aber nicht auftauchen. Erstens, weil es sich um einen »Initiativeinsatz« meiner Kollegen handelt, der nicht angeordnet war. Und zweitens, weil – das verlangt die Solidarität unter Polizisten – alles, was im Mannschaftswagen passiert, auch im Mannschaftswagen bleibt.

Aber nicht immer. Nicht diesmal.

KAPITEL 2

Montag, 4. September 2017, 6:58 Uhr.

»Wer bezahlt dich, du Scheißjournalistenschwein?« Ich sitze am Steuer meines dreckigen weißen Clio, einen Wust leerer Zigarettenschachteln um mich herum, und stelle mir vor, wie ich enttarnt werde. Bestimmt würde ich gelyncht. Ich bin ein bisschen spät dran, also trete ich aufs Gas. Mein Ziel ist die staatliche Polizeischule in Saint-Malo, 100 Kilometer vom Wohnort meiner Eltern. Wieder zurück in die Schule.

Ich sage mir, die machen dich alle, das kann dich teuer zu stehen kommen. Die Polizisten werden mich mit ihren riesigen Fäusten zusammenschlagen. Wenn sie richtig angepisst sind, zerquetschen sie mir vielleicht die Hände, damit ich nicht mehr schreiben kann, oder, schlimmer noch, sie geben mir eine Kugel zwischen die Augen. Schießunfall, kann passieren. Wenn man Angst hat, stellt man sich immer das Schlimmste vor, bis man sich völlig in den Wahn hineingesteigert hat.

Ich zünde mir eine Kippe an, versuche mich zu erinnern, wie ich auf die Idee gekommen bin, zur Polizei zu gehen. Ich weiß es nicht mehr genau. Da war jedenfalls diese Demo am 1. Mai 2016 in Paris. Die Bereitschaftspolizei CRS setzte Tränengas ein, ich habe immer noch den üblen Geschmack im Mund. Dieses Gefühl zu ersticken, dieses minutenlange Schnappen nach Luft, bis ich wieder normal atmen konnte.

Ich habe eine ganze Reihe Demoerinnerungen. Bei den Umzügen habe ich oft die Polizisten beobachtet, wie sie, steif wie Robocop, unbeweglich und tatenlos dastanden und einen halben Tag lang die Straße absperrten. Ich beneidete sie nicht. Als Jugendlicher glaubte ich, ein bisschen klischeehaft, dass sie die etablierte Ordnung verteidigten, während wir, auf der anderen Seite, im allgemeinen Interesse handelten. Inzwischen bin ich erwachsen. Meine Feindseligkeit hat sich in Neugier verwandelt.

Wenn man in den letzten fünf Jahren den Begriff Polizei googelte, zogen eine Parade brisanter und umstrittener Themen an einem vorbei. Sehr beliebt waren die Ordnungshüter nach den Mordanschlägen auf die Redaktion von *Charlie Hebdo*, um dann in der Meinung der Öffentlichkeit abzustürzen, als sich die Polizeibrutalität gegen die Gelbwesten häufte. Man sieht auch Bilder von Demonstrationen der Polizisten gegen ihre Arbeitsbedingungen, und dann sind da die Meldungen über die erschreckend hohen Selbstmordzahlen, weit über dem französischen Durchschnitt, in diesem Beruf. Opfer oder Henker? Helden oder Büttel? Es fing an mich zu interessieren, wie ihre Arbeitsbedingungen wirklich aussehen. An einem Mittwochmorgen im März 2017 wage ich den Schritt. Ich gehe im Internet auf *lapolicenationalerectrute.fr* und melde mich für das Bewerbungsverfahren in der Region West an.

Mein Vater hat mir immer verächtlich von den *poulets*, den *poulagas* oder den *magasins bleues* erzählt, Letzteres, die »Blauen Läden«, eine Bekleidungsmarke aus seiner Kinderzeit, zweckentfremdet als Umschreibung der blauen Polizeiuniformen. Seit seinem Wehrdienst hasst und fürchtet er alles, was die Welt der Polizei und des Militärs ausmacht: Ordnung, Gehorsam und das Knallen von Absätzen auf Asphalt.

Als ich ihn in mein Vorhaben einweihte, verstand er einfach nicht, wie ich mir eine Dienstmütze überstülpen lassen konnte.

Es war schon schwierig genug, ihm zu erklären, warum mich das Risiko reizte, undercover zu recherchieren, diesen seltsamen Drang begreiflich zu machen, sich in die Haut eines anderen zu versetzen, um über dessen Leben zu berichten. Diesmal war es noch schlimmer. Unglaublich, sein Sohn wollte ein Flic werden! Damit hatte er nicht gerechnet.

»Du bist verrückt!«, fuhr er mich an. »Soldaten und Flics, das sind doch bloß ein Haufen Säufer und Rassisten!«

Ich ließ ihn sich abreagieren und konzentrierte mich dabei auf seinen kahlen Schädel. Trotz der Chemotherapien und dem verfluchten Krebs, der ihn seit fünf Jahren zermürbt, findet er in solchen Augenblicken der Aufregung wieder fast zu seiner alten Kraft zurück. Dennoch wirkte er sehr gebrechlich, wie er mir da gegenüber am Kirschholztisch in der Küche saß.

»Weißt du denn, was für ein Leben die Flics haben? Was das für unerträgliche Arbeitsbedingungen sind, über die sie sich beklagen? Ich gehe mir das selbst anschauen«, habe ich beharrt.

Aber ich wollte ihn gar nicht überzeugen, sondern bloß provozieren.

Ich werfe den Stummel aus dem Seitenfenster und inspiziere mich kritisch im Innenspiegel. Wirke ich überzeugend?

Für diesen Undercoverauftrag habe ich kaum etwas an meinem Äußeren verändert, nur eines, und das aus Aberglaube: eine andere Brille. Ich habe die kleinen runden Gläser gegen rechteckige im schwarzen Rahmen vertauscht, um weniger wie ein intellektueller Softie auszusehen. Außerdem geben sie mir das Gefühl, ich würde eine Maske tragen. Die Haare habe ich mir auch geschnitten, vielmehr abrasiert, kaum einen Zentimeter sind sie noch lang. Ich wirke wie ein Depp, meine Stirn ist zu hoch für diese Stoppeln. Mir tut es um meine kastanienbraunen Strähnen leid.

Zusätzlich bin ich mit meinem abgebrochenen vorderen Backenzahn absichtlich nicht zum Zahnarzt gegangen. Falls die Flics meine Geschichte verdächtig finden, müssen sie angesichts dieser sichtbaren Lücke in meinem Gebiss, die ich meiner Süßigkeitensucht verdanke, doch einfach sehen, dass ich zu arm bin, um mir eine Krone zu leisten. Ich versuche an alles zu denken und übertreibe es mit der Vorsicht. Es sind Kleinigkeiten, klar, aber sie geben mir Selbstvertrauen und helfen mir, den Menschen zu spielen, als den ich mich darstellen will.

Ich bin am Steuer so in Gedanken versunken, dass ich mich unversehens in Saint-Malo wiederfinde. Ich kenne die Stadt gut, weil ich hier, bevor ich Journalist wurde, einen Stand als Flohmarkthändler hatte. Es ist eine richtige Touristenstadt – massive Stadtmauern, malerische Altstadt, Taubenschläge, eine aufregende Vergangenheit als Piratennest.

Ich stelle den Clio auf einem kostenlosen Parkplatz neben der Polizeischule ab. In meinem Rollkoffer habe ich ein paar T-Shirts und unauffällige Jeans dabei. Am Leib trage ich eine Lederweste als Beweis dafür, dass ich ein harter Kerl bin. Jedenfalls ist das der Eindruck, den ich erwecken will. Meine Notizbücher habe ich zu Hause auf dem Schreibtisch gelassen. In den ersten Tagen will ich auf der Notizen-App meines Smartphones schreiben. Meine Panik nimmt zu, ich zünde mir die x-te Kippe an.

Die Polizeischule ist ein einschüchterndes Gebäude mit einer Fassade aus grob zugehauenen Natursteinen, verschanzt hinter einer Mauer und imposanten Gittern. Hinter der Mauer sind Privatautos verboten, nur Dienstwagen dürfen hinein. Das Wetter ist ungemütlich, eine sehr bretonische Mischung aus Nebel und Nieselregen. Ein anderer Polizeischüler, die Haare feucht, einen großen Kleidersack in der Hand, verschwindet durch eine kleine Pforte neben dem Postenhäuschen. Gleich acht Uhr.

»Sie sind ein bisschen spät dran«, knurrt der Polizist hinter dem Anmeldeschalter. »Für diesmal lassen wir's gut sein. Name?«

»Gendrot.«

»Gendroooooot ...« Er fährt mit dem Zeigefinger eine Liste ab. »Da. ADS, Lehrgang 115, Abteilung 1.«

KAPITEL 3

Ich komme mir vor, als beträte ich eine Kaserne. Hinter der Umfassungsmauer liegt ein Exerzierplatz mit Flaggenmast, daneben ein Hubschrauberlandeplatz, markiert durch ein großes H aus weißer Farbe auf dem Boden. Bei einem Typ von der USI (*Unité de sécurité intérieure*, der Gebäudesicherheitsdienst) hole ich meine Ausrüstung ab – Polohemden, Kampfstiefel, Koppel und so weiter – und mache mich auf den Weg in ein Gebäude, in dem sich meine Stube befinden soll.

Zweiter Stock, Nummer 205. An der Tür die Namen von sieben Polizeischülern. In diesem Stockwerk sind die Männer des Abschnitts untergebracht, die Frauen im Stockwerk darunter.

Ich komme als Letzter und kriege unweigerlich das schlechteste Bett ab, das direkt am Eingang. Vier stehen links, drei rechts, dazwischen eine Wand aus Spinden. Außerdem gibt es für jeden einen kleinen Schreibtisch aus Blech oder Holz. Es sieht ein bisschen wie in einer Jugendherberge aus. Der einzige Luxus in unserer Bude ist die Aussicht. Durch das Fenster öffnet sich der Blick auf vorüberfliegende Möwen und den Ärmelkanal.

Eine Bohnenstange mit langer Nase, Alexis, hat sich bereits auf dem Bett meinem gegenüber ausgestreckt, die Augen kleben an seinem Smartphone. Er war gerade auf dem Klo, und das riecht man. Ein anderer, Clément, ein Blonder mit sehr weißen Zähnen, stolziert in geblümten Boxershorts herum. So viel zur

Atmosphäre der Unterkunft. Dann ist da noch Mickaël, ein kleines, kompaktes Muskelpaket. Der Jüngste ist 21, der Älteste 29, und das bin ich. *»Papy!«* tauft mich einer meiner neuen Kumpels daraufhin sofort, »Opa«. Ich lächle.

KAPITEL 4

Ein Mann mit hagerem Gesicht und spitzer Nase betritt den Saal. Wir nehmen alle Haltung an.

»Setzen Sie sich«, sagt er mit ruhiger Stimme.

Er stellt sich vor: Chef Goupil, Chefbrigadier. Unser Ausbilder in Theorie für die kommenden zwölf Wochen – zwei andere sind für Sport und die Schießausbildung zuständig. Chef Goupil erklärt uns das Programm für heute, unseren ersten Tag. Die Einführung jetzt durch ihn, dann eine Ansprache des Direktors der Polizeischule.

Er fragt in den Saal: »Gut, kann mir denn schon jemand die vier Grundsituationen nennen, mit denen Sie später zu tun haben und die wir in der Ausbildung behandeln? Niemand?«

In der ersten Reihe hebt eine rundliche junge Frau die Hand.

»Aufnahme von Notrufen?«

»Ja, damit befassen wir uns zuerst. Fahren Sie fort.«

»Durchführung des Streifendienstes, Beteiligung an Aufgaben der Verkehrssicherheit und außerdem die Ingewahrsamnahme von Personen.«

»Danke.«

Die Polizeischüler, die sich für den regulären Polizeidienst bewerben wollen, werden in ihrem einjährigen Lehrgang für 17 verschiedene Grundsituationen ausgebildet. Bei uns Hilfspolizisten (offiziell ADS, *adjoints de sécurité*) sind es nur vier. Dazu kommt noch das Sporttraining (Boxen, Nahkampf, Laufen, Schießübungen), die juristische Ausbildung, besonders im Hinblick auf den Verhaltenskodex, alles mit schriftlichen Klausuren abgefragt und durch etwa 100 fotokopierte Anleitungen gestützt.

In kaum drei Monaten werden wir die Schule mit der Befugnis verlassen, in der Öffentlichkeit eine geladene automatische Waffe zu tragen. Drei Monate sind dafür zu kurz, sagt unser Ausbilder. Er meint, diese Schnellausbildung führe zu einer »Billigpolizei«.

Das Gesetz über die Schaffung der ADS von 1997 erlaubt auch Schulabbrechern, Polizist zu werden. Einzige Voraussetzung für Bewerber: Man muss unter 30 Jahre alt sein.

Die Hilfspolizisten sollten ursprünglich nur die reguläre Polizei bei der Annahme von Notrufen und im Innendienst unterstützen. Inzwischen werden sie auch in der Öffentlichkeit eingesetzt, ohne Unterschied zu regulären Streifenpolizisten. Einmal draußen auf der Straße, kann der ADS Menschen Handschellen anlegen, sie durchsuchen und festnehmen, er darf bloß das Protokoll darüber nicht selbst schreiben. Diese »Billigpolizei«, dieses Prinzip des Ausbilden-in-drei-Monaten-und-dann-auf-die-Bürger-Loslassens erscheint in keinem Organisationsschema der französischen Polizei. Ein ADS trägt die gleiche Uniform wie ein regulärer Flic, nur zu unterscheiden an den himmelblauen, kobaltblau gesäumten Schulterstücken, zwei Rechtecke in der Größe einer Metrofahrkarte. Von den 146 000 französischen Polizisten sind 12 000 solche Hilfspolizisten.

Ein ADS verdient im Monat durchschnittlich 1340 Euro netto, wenn er in Paris arbeitet, in der Provinz nur 1280. Wie meine Lehrgangskameraden habe ich mich auf drei Jahre verpflichtet, mit der Option auf einmalige Verlängerung um drei Jahre. Wollte ich wirklich Polizist werden, hätte ich mich auch für die Ausbildung zum regulären Streifenbeamten (*gardien de la paix*) anmelden können; dann hätte ich im ersten Dienstjahr schon 1800 Euro im Monat verdient.

Dass ich mich nur zum ADS ausbilden lasse, hat mehrere Gründe. Erstens waren keine hohen Hürden zu überwinden: ein Lese-, Schreib- und Rechentest, eine ziemlich leichte Fitnessprüfung und eine Befragung durch drei Polizisten und einen Psychologen. Die dreimonatige Ausbildung – im Gegensatz zu einem Jahr für reguläre Polizisten – lässt mich aber vor allem schnell in den Berufsalltag einsteigen, und schließlich kann ich auch jederzeit wieder aussteigen, ohne danach die Ausbildungskosten erstatten zu müssen.

»Um die Öffentlichkeit zu beruhigen, müssen wir Präsenz zeigen«, wiederholt Chef Goupil.

Präsenz zeigen, das heißt die Straßen mit blauen Uniformen zu überschwemmen, aber es heißt auch, dass es eben vor allem ums Zeigen geht. Wir werden als Dekopolizei eingesetzt, vor Amtsgebäuden, auf öffentlichen Plätzen, an sozialen Brennpunkten. Ein junger Mann mit Puppengesicht in der zweiten Reihe gähnt.

Chef Goupil zieht einen Kreidestrich auf der Tafel. »Aufpassen! Für jedes Gähnen gibt's einen Strich. Beim fünften macht die ganze Abteilung zehn Liegestütze auf dem kalten Asphalt!«

Dann geht er von Tisch zu Tisch und verteilt Fragebögen zum Ausfüllen. Darüber steht »Lebenslauf«.

»Sie schreiben mir jetzt bitte kurz Ihren bisherigen Lebensweg auf. Die Angaben sind vertraulich und werden nicht außerhalb der Schule weitergegeben. Es geht nur darum, dass ich Sie besser einschätzen kann.«

Ich schnappe mir mein Blatt und mache mich daran, einen Lebensweg zu erfinden. Nicht den, bei dem ich die Journalistenschule in Bordeaux mit Diplom abgeschlossen, sechs Monate mit einer Frau, in die ich verliebt war, in Kanada gelebt und einen krebskranken Vater habe, um den ich mir Sorgen mache. Nein, ich bastle mir eine Existenz aus Halbwahrheiten zusammen. Aus meinen vier Sommern als Flohmarktverkäufer, ein Studentenjob, mache ich eine sechsjährige Vollzeitanstellung. Aufhören musste ich, weil der Veranstalter pleiteging. Das stimmt immerhin. »Jetzt möchte ich Polizist werden, um mein Land gegen die Bedrohung durch den Terrorismus zu verteidigen.« Ich baue ein paar Rechtschreibfehler ein, um auch ja unter dem Radar zu bleiben.

Goupil sammelt die Fragebögen ein und verkündet: »Ich kann Sie in 20 Sekunden durchschauen. Wenn ich Zweifel habe, gebe ich Ihnen zwei Minuten, um sich zu erklären. Das genügt.« Er meint es ernst.

Mein Magen krampft sich zusammen.

KAPITEL 5

Am Morgen nach der ersten Nacht hat Alexis einen neuen Spitznamen für mich: Ronflex, »der Schnarcher«.

»Du hast die ganze Nacht einen Höllenlärm gemacht, Idiot«, stöhnt er, die Nase noch im Kissen vergraben.

6:25 Uhr. Ich habe in einem Zug durchgeschlafen und bin erst am frühen Morgen aufgewacht, weil die raue Bettdecke an den Beinen kratzt. Ich dusche, rasiere mich, gehe in die Selbstbedienungskantine frühstücken. Wieder zurück auf der Stube ziehe ich zum ersten Mal die Uniform an.

Meine Stubenkameraden und ich verwandeln uns in Flics, zumindest äußerlich. Wir begutachten uns gegenseitig, ich spüre ihren Stolz auf die Uniform, darauf, Teil einer Einheit, einer Gemeinschaft zu sein, eines großen Ganzen, das weit über uns als Einzelne hinausreicht.

»Du hast den richtigen Kopf für einen Flic«, sagt einer der Kameraden lächelnd.

Es ist Mickaël, er sitzt auf dem Bettrand und zieht die Schnürsenkel der Kampfstiefel über Kreuz durch die Ösen. Ich danke ihm, bin froh, dass ich die Visage für den Beruf habe, und stopfe mir das himmelblaue Polohemd in die Diensthose. Es stimmt schon – einmal in Uniform, fühle ich mich gleich ein bisschen wie ein Polizist.

Ich gehe noch eine rauchen, bevor ich mich um Punkt

7:45 Uhr mit den anderen auf dem Exerzierplatz treffe, wo wir zum Flaggenappell antreten. Das morgendliche Hissen der Nationalflagge heißt *la cérémonie des couleurs*, und es geht sehr feierlich zu, als die Trikolore am hohen glänzenden Stahlmast aufsteigt. Nur das Klirren des Stahldrahts der Flaggenleine gegen den Mast unterbricht die Stille.

»Rührt euch!«

Wir treten mit dem linken Fuß einen Schritt vom rechten weg und legen die Hände auf dem Rücken zusammen. Dieses kleine Ballett vollführen wir ab jetzt täglich, vor und nach dem Unterricht.

*

»Dans la troupe, y a pas d'jambes de bois!«
»Dans la troupe, y a pas d'jambes de bois!«
»Y a des nouilles, mais ça n'se voit pas!«
»Y a des nouilles, mais ça n'se voit pas!«

Seit etwa zehn Minuten marschieren wir im Gleichschritt durch das Schauerwetter. Chefbrigadier Bellion, unser Formalausbilder, treibt uns immer wieder im Kreis um den Exerzierplatz der Polizeischule Saint-Malo herum.

Bevor er uns bis zum Abwinken Marschlieder brüllen lässt, hat er uns seinen Lebenslauf erzählt: ehemals Flic bei der BAC[7], beeindruckende zehn Jahre und länger in Seine-Saint-Denis.

Jetzt hat er sich mitten auf dem Exerzierplatz aufgepflanzt und lächelt. »Lauter! *La meilleure façon d'marcher …*«

Die Größten müssen hinten marschieren, die Kleinsten vorne. Meine imposanten 1,79 Meter haben mir einen Platz in der

7 BAC: *Brigade anticriminalité.* In Deutschland etwa mit Sondereinsatzkommando (SEK) vergleichbar. (A. d. Ü.)

dritten Reihe verschafft. Die Absätze der Kampfstiefel knallen auf dem Asphalt.

»Abteilung … stillgestanden!«, ruft Chef Bellion. »Jaaa, für den Anfang nicht schlecht. Aber das geht noch besser!«

Sowie auch nur einer aus dem Tritt kommt, fangen wir von vorne an. Immer und immer wieder.

*

In der Stube 205 herrscht Stille. Vor dem Abendessen sind die meisten in die Sporthalle verschwunden. Ich haue mich lieber aufs Bett und fange an, mir auf dem tragbaren DVD-Player die erste Staffel der *Sopranos* reinzuziehen.

Auch Romain ist auf der Stube geblieben. Er sitzt am Fenster, das auf den Exerzierplatz hinausgeht, und ist gerade mit dem Rosenkranzgebet fertig. Beim Wecken habe ich entdeckt, dass mein Kamerad ein eifriger Katholik ist. Ich sehe ihn heute schon das zweite Mal beten.

Auf dem Rückweg in die Stube hat er mir von seinem Leben davor erzählt, als sein Freundeskreis aus Sammlern von NS-Antiquitäten bestand – Hitlerbüsten, Hakenkreuzflaggen und solches Zeug –, die begeistert vom Nationalsozialismus waren. Darauf gebracht hatte uns das Sweatshirt eines Polizeischülers, das auf schwarzem Grund die SS-Runen trug. Romain kannte diese Naziklamotten, die sich als Sportsachen tarnen, nur zu gut.

»Ich war damals auf dem Collège. Es war gut, wenn man sich an die Großen hielt, die schon 20 waren«, erklärt er mir.

Ganz wohlgefühlt hat er sich bei dieser Gruppe allerdings nie. Als sie eine Araberin zusammenschlugen, stieg er aus. »Sie war schwanger«, fügt er noch hinzu und fährt fort: »Zum Studium bin ich dann in die Pariser Gegend gezogen. Der Erste, mit dem ich da ins Gespräch gekommen bin, war ein Inder. Eine Woche später hat er mich zu seinen Eltern zum Essen eingeladen. Als ich mich verabschieden wollte, fing seine Mutter zu weinen an. Ich habe sie gefragt, warum. Sie hat gesagt: Weil du so schön bist.«

Romain erzählt mir diese Anekdote mit leiser Stimme. Er hat regelmäßige, feine Gesichtszüge und strahlt eine tiefe, unerschütterliche Gelassenheit und Ruhe aus. Er interessiert mich. Ich tippe auf dem Smartphone herum und zeige ihm einen Artikel aus *Le Monde* über den Erfolg des Front National in seinem Heimat-Département. Er lächelt.

»Ich war ziemlich aktiv in der Jugendorganisation des FN, aber ich hab's hingeschmissen. Le Pen war am Abend der Wahlkampfdebatte eine derartig schlappe Figur …«

Romain seufzt, immer noch enttäuscht über diese Episode. Er hat doch so viel für die Partei gegeben.

»Klar ist, ich wähle weiter ziemlich weit rechts, auch wenn ich nicht mehr für den FN stimme. Die Kommunisten und Antifatypen hasse ich nämlich wirklich. Das sind Schmarotzer. Die rauchen, saufen, arbeiten nicht.«

Romain ist nicht in die Sporthalle mitgegangen, weil er auf einen Anruf seiner Freundin wartet. Er hat sie auf der Gendarmerieschule getroffen – er ist dann schließlich doch zur Polizei gegangen, während sie bei den Paramilitärs geblieben ist. Er ist unsterblich in sie verliebt, das merkt man.

»Es ist nicht einfach mit ihr. – Oh, tut mir leid, das ist sie. Bis nachher!«, entschuldigt er sich und geht vor die Tür, um ungestört zu sein.

KAPITEL 6

Eine schwarze Silhouette steht mir in fünf Metern Entfernung drohend gegenüber. Ich drücke zum ersten Mal in meinem Leben den Abzug. Die Patronenhülse wird aus der Pistole geworfen, und trotz des Schallschutzhelms, den ich trage, trifft mich der Schussknall unerwartet laut. Ich zucke zusammen, werde einen Meter weit zurückgeschleudert, wenige Zentimeter neben mir rollt die leere Hülse über den Boden. Ich spüre eine Hitzewelle. Meine erste Kugel hat sich in die Decke des Schießstands gebohrt.

Mit dem Helm bin ich gegen die Umgebungsgeräusche so gut wie taub. Was Chefin Milat, die Schießausbilderin, mir zuruft, höre ich, als steckte ich in einem Goldfischglas. Die blonde Ausbilderin muss schreien, um sich verständlich zu machen. »Ich bin Spezialistin für brasilianisches Jiu-Jitsu«, hat sie sich vor der ersten Unterrichtsstunde vorgestellt. Außer im Schießen wird sie uns auch im Kampfsport unterrichten.

»Arme durchstrecken. Und achte auf den sicheren Stand.«

Ich konzentriere mich. Ich fasse die Waffe fest mit beiden Händen, den linken Zeigefinger neben dem Abzug. Die Arme durchgestreckt, den Blick geradewegs auf die Zielscheibe gerichtet, in derselben Haltung wie die drei ADS neben mir.

Chefin Milat pfeift. Wir schießen. Meine zweite Kugel streift die an zwei Klammern aufgehängte Schießscheibe bloß. Wieder daneben. Ich stecke die Waffe in ihr starres Plastikholster zurück, wie es uns Chefin Milat nach jedem Schuss vorgeschrieben hat. Damit sollen wir gleichzeitig lernen, sie möglichst schnell zu ziehen.

Der Schießstand sieht aus wie eine Rennbahn auf dem Sportplatz: nummerierte Bahnen in Weiß, allerdings auf blauem Vinyl statt rotem Tartan. Unsere Waffe ist eine Sig Sauer SP 2022. Nicolas Sarkozy hat 2003, noch als Innenminister, beschlossen, Polizei, Gendarmerie, Zollpolizei und Justizvollzugsbeamte mit einer einheitlichen Dienstwaffe auszustatten. Den Zuschlag erhielt die deutsch-schweizerische Firma Sig Sauer; ihre Automatik entthronte die altehrwürdige Manurhin-Pistole, die immer wie ein Colt-Revolver aus dem Wilden Westen ausgesehen hatte.

Die 900 Gramm der Sig wiegen schwer am Koppel. Ich fühle mich unwohl mit diesem Gerät. Jetzt gerade grübele ich darüber nach, wie leicht es war, in die Polizei einzutreten. Und wenn sich eines Tages, nur mal angenommen, jemand hier einschleicht, um ein Attentat zu verüben? Ein Staatsfeind, ein Anarchist oder ein krimineller Verrückter, der eine Rechnung mit den Flics begleichen will? Wäre es für ihn auch so leicht wie für mich?

Wir leben praktisch im Ausnahmezustand, und ich, Inhaber des Presseausweises Nummer 119895, stehe hier auf einem Schießstand, umgeben von zukünftigen Polizeibeamten, ohne jemals meine wahre Identität verschleiert zu haben? Wäre ich einer von den Bösen, könnte ich jetzt wild um mich ballern.

Der nächste Schuss. Meine dritte Kugel landet endlich in der Scheibe, trifft den Pappkameraden mitten in die Fresse. Ich verschieße insgesamt 20 Patronen, nur acht treffen. Ende der Übung.

»Sammeln Sie bitte die Hülsen ein und wechseln Sie die Schießscheibe aus«, weist uns Chefin Milat an.

Wir setzen die Helme ab, die Welt wird wieder laut. Ich deponiere die Knarre in einem hölzernen Kasten.

»Die Scheibe dürfen Sie behalten. Die nächsten vier!«

Ich knülle den zerfetzten Papierbogen zusammen und werfe ihn in den Mülleimer. Kommt nicht in Frage, dass die anderen meine erbärmlichen Ergebnisse sehen.

Vor unserem ersten Schießtraining hat uns Chefin Milat mit Attrappen aus Plastik die richtige Handhabung und die Sicherheitsvorschriften einüben lassen: die Waffe immer als geladen zu betrachten; den Zeigefinger immer um den Abzugsbügel zu legen, um nicht aus Versehen beim Zufassen abzudrücken; Waffe und Lauf immer in eine ungefährliche Richtung zu halten.

»Schau, Papy, ich habe 19 Treffer!« Mickaël zeigt mir stolz seine Schießscheibe. »Den letzten habe ich versiebt. Blöd.«

Immerhin, meine Kameraden nennen mich jetzt doch lieber Papy statt Ronflex.

»Scheiße, 19 Treffer! Verdammt gut«, lobe ich ihn.

»Und du? Wie viel?«

»Weiß nicht, hab nicht mitgezählt. Nicht so toll.«

KAPITEL 7

Alexis steht morgens immer als Erster auf. Diesmal hat er das ausgenutzt, um auf mein Bett zu klettern. Als ich erschrocken die Augen aufreiße, glaube ich zu träumen. Aber nein, dieser Schwachsinnige hat mir tatsächlich gerade seine Eier auf die Stirn gepflanzt!

Alexis findet das sehr amüsant. Er weckt die anderen, zeigt ihnen das Foto, das er dabei gemacht hat. Sie lachen sich tot. Ich verliere die Nerven und brülle:

»Du bist ein richtiges Stück Scheiße!«

Alexis betrachtet mich lächelnd.

»Du willst es drauf ankommen lassen?«, drohe ich ihm wütend. »Okay, wart nur ab!«

Er erstickt fast vor Lachen und zeigt seine großen Pferdezähne, schnappt sich sein Handtuch und latscht, Badelatschen an den Füßen, in Richtung der Duschen davon.

Alexis ist dieser Typ, der unbedingt später zur BAC will, »wegen des Adrenalins«. Deswegen schluckt er jeden Tag vier bis sechs Proteinshakes: Er will Muskelmasse aufbauen. Vorerst ist er trotz der Eiweißdrinks aber nur lang und dünn. Mein Stubenkamerad ist mit 17 Vater geworden. Früher war er Hundeführer, jetzt lebt er getrennt von seiner Lebensabschnittsgefährtin und sieht seine Tochter – seine »Prinzessin« – nur jedes zweite Wochenende.

Dieser Mann, der es zu seinem Beruf machen will, dem Gesetz Geltung zu verschaffen, ist sich anscheinend nicht bewusst, dass er gerade eine sexuelle Aggression »durch Überrumpelung«, wie der juristische Ausdruck lautet, begangen hat. Er glaubt mir einen gelungenen Streich gespielt zu haben, die Art Demütigung, wie sie ein Alphamännchen halt austeilt.

»Scheiße, Fenster auf, hier stinkt's nach alter Fotze!«, blökt Clément.

KAPITEL 8

Mein Leidensweg beginnt eines Freitagmorgens während des Unterrichts bei Chef Goupil. Ich bin jetzt einen Monat an der Polizeischule, und auf einmal lässt mich ein Satz im Strom der Worte meines Lehrers erstarren.

»Ich weiß nicht, ob Sie Dienstagabend *Cash Investigation* gesehen haben …«

Ich erröte bis an die Ohren. Er meint die Dokumentation, die ich vor einigen Monaten für France 2 gedreht habe. Meine erste und bisher einzige Arbeit fürs Fernsehen, eine Undercoverreportage bei Lidl mit versteckter Kamera im Knopfloch. Am Ende der Reportage habe ich mich leider dazu hinreißen lassen, mich in einer Pariser Kneipe offen filmen zu lassen. Ich trete unter meinem dritten Vornamen Raphaël auf, aber mein Gesicht ist zu sehen. Wie sollte ich auch ahnen, dass ich beim Sendetermin schon wieder undercover arbeite?

Als Goupil jetzt davon anfängt, gebe ich einem lächerlichen Reflex nach: Ich tauche unter den Tisch ab und gebe vor, ich wolle einen zu Boden gefallenen Stift aufheben … Ich stecke den Kopf in den Sand wie der Vogel Strauß und warte, dass der Augenblick vorübergeht. Ich würde am liebsten im Erdboden versinken.

Seit 2014 habe ich mich in meiner journalistischen Arbeit ein bisschen auf Undercoverreportagen spezialisiert. Angefangen habe ich als Fließbandarbeiter in einer Schokoladenfabrik in Villeneuve-d'Ascq. Dann habe ich in einem Callcenter angeheuert, bin als Vertreter für Gas- und Stromlieferverträge von Tür zu Tür gegangen, war Inkassoagent bei der großen Kreditbank Cofidis, schließlich wieder Fließbandarbeiter, diesmal bei Toyota. Diese fünf Undercoverreportagen habe ich in einem ersten Sammelband unter dem Titel *Les Enchaînés* herausgebracht.

Die Idee zu *Cash Investigation* kam von der Produzentin der Sendung, mit der ich befreundet bin. Die Regisseurin suchte jemanden, der die Arbeitsbedingungen bei der deutschen Discounterkette verdeckt dokumentieren konnte. Für meine sechste Undercoverreportage habe ich mich zu einem höllischen Arbeitstempo antreiben lassen, erlebt, wie die Kollegen schon mit Ende 20 einen kaputten Rücken hatten, und mir von einem Computerprogramm Arbeitsanweisungen direkt aufs Ohr geben lassen. Die Schwierigkeit bei diesem Einsatz bestand nicht darin, nicht aufzufliegen, sondern sich von dieser menschenunwürdigen Behandlung zwei Monate lang nicht unterkriegen zu lassen.

In den ganzen vier Jahren bin ich noch nie enttarnt worden. Jetzt erst, während ich unter dem Tisch so tue, als suchte ich meinen Stift, wird mir klar, wie unvorsichtig mich das gemacht hat. Warum habe ich unbedingt mein Gesicht in die Kamera halten müssen? Damit gefährde ich jetzt nachträglich womöglich meine Tarnung bei der bisher gewagtesten Undercoverreportage.

Chef Goupil meint allerdings einen anderen Beitrag, der in der Sendung gelaufen ist – nicht meinen, sondern einen Fall von Mobbing, der in den letzten Tagen ziemlich bekannt geworden ist, seit ein kurzer Ausschnitt im Internet kursiert. Vielleicht hat er nur diesen Teaser gesehen.

»Es kann Ihnen durchaus passieren, dass Sie es auch mit solchen Fällen zu tun bekommen«, schließt er und geht zu einem anderen Thema über.

»Papy, suchst du was?«, fragt mich Mickaël-das-Muskelpaket amüsiert.

Ich tauche aus meinem Loch wieder auf.

»Meinen Stift«, erwidere ich ausdruckslos.

»Auf dem Tisch …«

»Scheiße, was bin ich für ein Idiot.«

Den Vormittag verbringe ich mit ungeduldigem Warten auf das Ende der Dienstwoche. Freitagmittag heißt, dass ich zu meinen Eltern zurückfahren kann. Als ich sicher im Auto sitze, atme ich erleichtert auf und versuche nur noch an das schöne Wochenende zu denken, das vor mir liegt: Ich werde meinen Vater im Rollstuhl herumfahren, ein paar Runden kicken und anschließend mit den Fußballkumpels einen trinken gehen, und vor allem werde ich diese Anstalt und ihre Insassen hinter mir lassen. Schlaf nachholen will ich auch. Danach wird alles gleich ganz anders aussehen.

Als ich am Sonntagabend wieder in die Polizeischule fahre, bin ich mir nicht mehr so sicher. Mit dem Koffer in der Hand drücke ich die Tür zu unserer Stube auf.

»Salut, ihr Möchtegernpolizisten!«, grüße ich gespielt lässig. »Schönes Wochenende gehabt?«

Ich schüttele allen die Hand: Alexis, Romain, Julien, Micka, Clément. Zum Schluss ist Basile dran, der am Fenster steht und seine neuen kabellosen Kopfhörer ausprobiert.

»Salut, Papy!«

Seine Stimme kippt in den betonten Silben manchmal um, als hätte er den Stimmbruch noch nicht ganz hinter sich. Ich räume meine Klamotten in den Schrank, der immer unordentlicher wird. Das Gehäuse meines DVD-Players ist mit Zahnpasta verschmiert. Basil unterbricht mich:

»Übrigens, Papy, ich habe mir die Sendung angeschaut, von der Chef Goupil am Freitag erzählt hat. Komisch, aber da kommt jemand vor, der dir total ähnlichsieht.«

Innerlich krümme ich mich zusammen, äußerlich versuche ich, unbeteiligt zu wirken, und räume weiter meine Sachen ein.

»Was meinst du?«

»Hier, das bist doch du.« Er hält mir das Display seines Smartphones hin.

Er lächelt mit einem Mundwinkel, als habe er den Überraschungseffekt gut vorbereitet.

»Du bist in Wirklichkeit Reporter. Und jetzt machst du eine Undercoverstory über die Polizei.«

Alle Erholung, die mir das Wochenende gebracht hat, verfliegt mit einem Schlag, zusammen mit meinem gesamten Selbstvertrauen. Meine Stimme zittert, meine Knie werden weich. Ich kratze das bisschen Haltung zusammen, das ich noch aufbringe.

»Schon, der Typ sieht mir wirklich verdammt ähnlich. Aber das bin ich nicht.«

»Klar bist du das.«

Ich leugne das Offensichtliche, aber was soll ich sonst tun?

Basile postet einen Bildschirmschnappschuss mit meinem Gesicht aus der *Cash-Investigation*-Sendung in der Facebook-Gruppe der Abteilung. Damit wissen alle 28 anderen ADS-Polizeischüler der Abteilung 1, dass jemand, der mir erstaunlich ähnlichsieht, im Fernsehen aufgetreten ist und dass dieser Jemand Journalist ist.

Mein schlimmster Albtraum ist wahr geworden. Ich sterbe vor Angst.

KAPITEL 9

»Mann, gib's doch zu, dass du Reporter bist, ist uns scheißegal! Sag schon, du bist dieser Raphaël!«, amüsiert sich einer meiner Kollegen.

Mein schwarzer Frühstückskaffee dampft vor meinen schlaflosigkeitsgeröteten Augen. Meine Uhr zeigt gerade mal Viertel vor sieben, und schon stecke ich in der Scheiße. Ich werde den ganzen Tag über lügen und versuchen müssen, die unwiderlegbaren Beweise zu widerlegen.

Die ganze Nacht habe ich über einer einzigen Frage nachgegrübelt: Wie soll ich jetzt meine Undercoverreportage weiterführen? Alle anderen auf der Stube schliefen, nur ich bekam kein Auge zu.

Mein Verfolgungswahn wird mit jedem Tag schlimmer. Harmlose Kleinigkeiten machen mir Angst. Ich lebe die ganze Zeit mit der Furcht, dass mich einer der Kameraden bei den Ausbildern anschwärzt. Wenn Chef Goupil auch nur ein paar Minuten später zum Unterricht kommt, denke ich sofort: »Jetzt ist es soweit, sie beraten gerade, wie sie mich fertigmachen können, sie werden mich vor der ganzen Klasse zur Rede stellen … Ich bin aufgeflogen.«

Eines Donnerstagmorgens rufen die Kontrolleure der Stubeninspektion, die überprüfen, ob wir unsere Betten auch ordentlich gemacht haben, alle meine sechs Stubenkameraden zu sich, nur mich nicht. *Alle außer mir.* Wegen schlampig gemachter Betten? Ich sehe vor mir, wie sie über meine Angewohnheiten befragt werden, und ob ihnen etwas an mir verdächtig vorkomme … Aber die sechs mussten tatsächlich wegen ihrer unordentlichen Betten bei der Inspektion antreten. Mein Bett war anscheinend in Ordnung. Ich entgehe der Disziplinierung, aber nicht dem Panikanfall.

Manchmal schade ich mir sogar selbst, wie an jenem Morgen, als Chef Goupil unerwartet die Abteilung fragt: »Welcher frühere Innenminister wurde wegen der Veruntreuung öffentlicher Gelder verurteilt?« Ich melde mich und antworte: »Claude Guéant«. Chef Goupil nickt. Prompt höre ich hinter mir einen Kameraden flüstern: »Der ist bestimmt doch Journalist.«

KAPITEL 10

Während die Wochen der Ausbildung vergehen, freunde ich mich zusehends mit Mickaël-dem-Muskelpaket an. Mit Micka und seinen gemeißelten Bauchmuskeln, seinen aufgeblasenen Brustmuskeln und seinen beeindruckenden Deltas. Vielleicht hat er sich die nur zugelegt, um seine 1,61 Meter zu kompensieren, aber was soll's, er sieht wirklich beeindruckend aus.

Am Anfang des Trimesters war Micka noch ziemlich eng mit Alexis befreundet, weil sie beide Bodybuilding betreiben und früher Hundeführer waren. Aber dann sind die beiden Kumpels ganz allmählich auf Distanz gegangen, und Micka hält sich seitdem immer mehr an mich.

Wir sind beide 29 Jahre alt und gehören damit zu den Ältesten in der Abteilung. Im Unterricht sitzt er hinter mir, und wie zwei notorisch schlechte Schüler schwatzen wir ständig miteinander. Beide wollen wir die Ausbildung so schnell wie möglich hinter uns bringen. Ich, weil ich Angst habe, doch noch aufzufliegen – der Verfolgungswahn sitzt mir im Nacken. Micka, weil er mit dem theoretischen Unterricht große Schwierigkeiten hat, die Klausuren sind eine Qual für ihn. Mit der Zeit werden wir richtig unzertrennlich. Er kommt mit, wenn ich rausgehe, um mir eine Kippe anzuzünden, und dampft seine elektronische Zigarette. Mehrere Abende lang pauken wir zusammen für die Klausuren. Mein Jünger nimmt kein Blatt vor den Mund, wenn es darum geht, wer nach seiner Ansicht die innere Sicherheit des Landes bedroht. Araber nennt er »Kaffern«, »Musels« und »Nafris«. Die Migranten? Er würde sie am liebsten alle abschieben, »in einer Chartermaschine«.

»Pépé, weißt du, was den Menschen vom Affen trennt?«

»Was denn?«

»Das Mittelmeer!«

Mickaël bricht in Lachen aus. Auf seinem Smartphone zeigt er mir Fotos, wie er vor seiner Verwandlung zum Muskelmann ausgesehen hat. Es sind Bilder eines harmlosen, freundlichen jungen Mannes.

»Das Ideal ist, wenn deine Oberarme und die Oberschenkel so dick wie dein Hals sind, weißt du?«, erklärt er mir.

Als wir im Einsatz der Handschellen unterrichtet werden, »der keinesfalls zur Gewohnheit werden darf«, wie das fotokopierte Script der Unterrichtseinheit warnt, teilt uns Chefin Milat auch die »Armbänder« aus, wie sie im Polizeijargon heißen. Ich probiere sie an meinem neuen Kumpel aus.

»Aber nicht zu fest zudrücken, sonst brichst du mir die Handgelenke, weißt du?«, ermahnt mich Mickaël.

Im Sonnenschein draußen neben dem Hubschrauberlandeplatz gehen wir die verschiedenen Methoden durch. Handschellen anlegen aufrecht stehend, gegen eine Wand gedrückt, auf den Knien, im Sitzen, rücklings liegend, bäuchlings liegend.

»Welche gesetzliche Vorschrift behandelt das Anlegen von Handschellen?«, fragt die Ausbilderin.

»Artikel 803 der Strafprozessordnung«, gibt ein ADS-Schüler wie aus der Pistole geschossen zurück.

»Sehr schön, das war's für heute. Gut gemacht, Jungs«, lobt uns Chefin Milat.

KAPITEL 11

An einem Donnerstagabend sehen wir uns auf der Stube einen Film an. Alexis hat die lange Fassung von *Die Welle* auf seinem Streamingdienst gefunden. Chef Goupil hat uns den Film vor ein paar Tagen empfohlen; er handelt von einem Lehrer, der in seiner Oberschulklasse eine unterdrückerische, hierarchische Organisation gründet, um diese Erscheinung umso schärfer bloßzustellen.

Am Tag darauf meint Mickaël vor dem Schießunterricht zu mir:

»Wir sind doch eigentlich auch so wie die im Film. Wir haben unsere Uniformen, wir sind als Gruppe erkennbar, wir haben unsere Erkennungszeichen.«

Er salutiert mit der Hand an der Mütze.

»Wenn man sich's überlegt, sind wir eigentlich auch so ein autoritärer Haufen.«

Als zukünftige Uniformträger erhalten wir »erweiterte Befugnisse« gegenüber dem Normalbürger, nämlich ihn zu kontrollieren, ihn zu durchsuchen und ihn zum Beispiel durch eine vorläufige Festnahme zu bestrafen. Wie werden wir auf die Verantwortung vorbereitet, die diese Macht mit sich bringt? Wie vermittelt man uns eine solchen Situationen entsprechende Ethik? Die Antwort lautet *le code de la déontologie* – »der Verhaltenskodex«. Chef Goupil fasst uns den Geist dieser Vorschriften in etwa zehn Stunden zusammen, das ist ungefähr ein Prozent unserer sowieso schon stark gerafften Schnellausbildung.

Ich schaue mir noch einmal meine Mitschriften aus dem Theorieunterricht an. »Die Polizei ist die am stärksten kontrollierte Institution.«

Zu den wichtigen Punkten gehört »der Gehorsam« (Artikel R. 434-5). Der Polizist ist Glied einer hierarchischen Befehlskette. Erhält er auf dem Dienstweg einen Befehl, hat er ihn auszuführen. Außer wenn es ein gesetzwidriger Befehl ist. Gewaltanwendung ist auf legitime Selbstverteidigung begrenzt und genau geregelt, erlaubt »nur soweit notwendig und im angemessenen Verhältnis sowohl zum angestrebten Ziel wie zur Schwere der Bedrohung, je nach den Umständen«. Unparteilichkeit (R. 434-11) heißt, dass der Polizist neutral bleibt und für niemanden Partei ergreift. Er darf weder diskriminieren noch bevorzugen, wenn er interveniert. Schließlich wird auch Rechtschaffenheit (R. 434-9) gefordert, also die Vermeidung jeglicher Korruption und Vetternwirtschaft.

Der Öffentlichkeit gegenüber sind wir verpflichtet, *dignité, intégrité, impartialité, loyauté, exemplarité et respect absolu des personnes* (»Würde, Integrität, Unparteilichkeit, Treue, Vorbildlichkeit und unbedingten Respekt vor den Menschen«) zu wahren, zusammengefasst in der Abkürzung *Diiler.* Das soll eine Eselsbrücke als Merkhilfe sein. Wenn man es laut ausspricht, klingt es wie »Dealer«. Immerhin, es ist leicht zu merken.

In der Theorieausbildung kommt Chef Goupil eines Tages auch auf häusliche Gewalt zu sprechen. Ein hochaktuelles Thema. 121 Frauen sind in Frankreich 2018 von ihrem Mann oder Exmann getötet worden. Etwa ein Frauenmord alle drei Tage. In unserer Ausbildung nimmt diese Unterrichtseinheit ganze drei Stunden Platz ein, ein 2014 eingefügter Zusatz. Davor wurde man als ADS-Schüler überhaupt nicht zu häuslicher Gewalt unterrichtet.

Chef Goupil hat es eilig. Rasch geht er die Hilfsangebote der Polizei für solche Situationen durch, insbesondere den telefonischen Notruf speziell für bedrohte Frauen. Ich schreibe mir eine kostenlose Rufnummer auf, die 3919, bei der weibliche Gewaltopfer sich melden können. Es gibt auch noch einen allgemeineren Notruf »für Personen in besonders schwierigen Lagen«. Laut einem Artikel in *Le Monde* vom März 2019 hat sich die Zahl der Anrufer hier im Lauf eines Jahres verdoppelt.

»Sie werden oft mit solchen Schwachköpfen zu tun haben, die ihre Frau oder Freundin verprügeln«, warnt uns der Chef.

Und das ist alles. Wie sollen wir uns in so einer Situation nun konkret verhalten? Dazu kommen wir später noch. Wir haben zwar genug Zeit, um den richtigen Umgang mit Handschellen und Pistole zu lernen, nicht aber den richtigen Umgang mit einer Frau, die Opfer häuslicher Gewalt geworden ist.

In meinem Mitschriftenheft finde ich auch das Schema des Zyklus der Gewalt, den uns Chef Goupil erklärt hat. Ein Kreis, der sich immer wiederholt: Spannungen in der Beziehung, Streit und Gewaltausbruch, Bitte um Verzeihung, eitel Sonnenschein, dann wieder Spannungen … und immer so weiter, bis zur endgültigen Trennung oder zum Tod.

Nach einer Stunde Vortrag beschließt Goupil die Miniunterrichtseinheit mit der Vorführung des Films *Mon roi* der Regisseurin Maïwenn. Auf dem Bildschirm schlägt Vincent Cassel die Frau, mit der er in einer verbitterten und erschreckenden Beziehung zusammenlebt. Der Ausbilder schaut sich den Film ein paar Minuten lang an und verlässt den Saal. Alexis ist auf seinem Stuhl eingeschlafen.

KAPITEL 12

Unter denjenigen Polizeischülern, die in der Region West Dienst tun wollen, werden die ersten Posten verteilt. Megan, eine Kollegin mit ziemlich großem Mundwerk, soll in einem *Centre de rétention administrative* (CRA)[8] anfangen und schmollt. So hat sie sich die Polizeiarbeit nicht vorgestellt. Sie wollte auf ein Polizeirevier, aber zumindest fürs Erste muss sie jetzt Abschiebehäftlinge bewachen.

»Ein Jahr auf so einem Posten bringt Ihnen mehr Erfahrung als fünf Jahre in der Pförtnerloge, wo man den ganzen Tag nur auf den roten Knopf drückt, um das Tor zu öffnen«, versucht Chef Goupil sie zu trösten.

Eine weitere ADS-Schülerin erfährt, dass sie als Rechtspflegerin in einem anderen CRA eingesetzt wird. Ihr Freund eskortiert dort die Abschiebehäftlinge vom Gefängnis in den Gerichtssaal. Viele werden enttäuscht, die Schule hat uns vergessen lassen, dass wir nur als Hilfspolizisten ausgebildet werden, vorgesehen für untergeordnete Stellungen.

Mickaël wird in einen kleinen schicken Badeort der Normandie geschickt.

»Bonzen …«, ist sein einziger Kommentar.

8 Geschlossene Einrichtung, in der Ausländer ohne Aufenthaltserlaubnis auf ihre Abschiebung warten.

Ich stelle mir seine kompakte Gestalt auf Streife in den Straßen des Küstenstädtchens vor, mitten unter Schoßhündchen, die reiche alte Damen an der Leine führen. Er zieht ein Gesicht.

»Gehen wir einen trinken?«, lädt er mich ein.

Mein Kamerad meidet inzwischen den Tratsch und die kumpelhafte Atmosphäre der Abteilung. Es stimmt schon, manchmal geht es nicht gerade niveauvoll zu. Ich zum Beispiel habe versucht, mich an Alexis zu rächen, indem ich sein Bett auseinandergenommen und die Teile im ganzen Stockwerk verteilt habe. Danach bin ich eines Morgens mit einem Post-it »Ich mag Schwänze und lutsche kostenlos« am Kopf, einem aufgemalten Penis an der Stirn und Gel auf den Beinhaaren aufgewacht. Es ist wohl an der Zeit, mich aus diesen pubertären Streichen auszuklinken.

Ich nehme Mickas Einladung an. Wir brauchen zehn Minuten bis in die verlassene Altstadt mit ihren Taubenschlägen, ein Postkartenidyll. Wir gehen in die erste Bar, an der wir vorbeikommen.

»Als ich jung war, habe ich ziemliche Dummheiten gemacht. Es wäre schlecht ausgegangen mit mir, wenn mich nicht ein Gendarm gerettet hätte«, bekennt mein Freund.

»Was hast du angestellt?«

Er zählt seine neun Vorstrafen auf. Kraftfahrzeugdiebstahl, Drogenhandel, Einbruch … Nur eine Gefängnisstrafe muss er in seinem Lebenslauf nicht mitschleppen, die hat er gerade noch vermieden.

»Ich war ein Asozialer. Ich bin sogar aus einem Heim für schwer erziehbare Jugendliche geflogen.«

Nach diesen Erfahrungen wollte er eine Lehre machen und hat in einem Betrieb nach dem anderen durchzuhalten versucht, ohne Streit mit dem Chef zu bekommen. Mickaël ist eher unbeherrscht. In seinem letzten Job als Türsteher in einem Nachtclub hat er sich zu oft mit betrunkenen Gästen angelegt.

»Um hier angenommen zu werden, musste ich vor eine Prüfungskommission. Ich habe ihnen die Karten auf den Tisch gelegt, nichts verschwiegen«, fügt er hinzu.

Mit dieser belastenden Vergangenheit darf er sich nicht den kleinsten Fehltritt erlauben, ohne der Schule verwiesen zu werden, und dieser Druck lastet schwer auf seinen Schultern. Er kann den Abschluss kaum erwarten. Genau wie ich. Abends pauken wir manchmal zusammen. Bald steht die zentrale Abschlussprüfung in Theorie an, eine beängstigende Hürde für ihn.

Ich habe inzwischen den Eindruck, dass wirklich jeder Polizist werden kann: ein Journalist, ein ehemaliger Neonazi und, noch unwahrscheinlicher, ein vorbestrafter Gewohnheitstäter. Andererseits sind wir ja nach abgeschlossener Ausbildung bloß Angestellte auf Zeit, keine Beamten. Man nennt uns auch »das Prekariat des öffentlichen Diensts«. Eine vorübergehende Notmaßnahme ist zur Dauereinrichtung geworden; laut dem französischen Statistikamt Insee sind heute bereits eine Million der 5,6 Millionen im öffentlichen Dienst Tätigen keine Beamten, sondern Angestellte auf Zeit.

Umso schlimmer, dass ich trotz dieser laxen Aufnahmekriterien beinahe abgewiesen worden wäre! Genau wie bei Mickaël ist nämlich auch meine Akte vor eine Prüfungskommission gekommen, und zwar, weil ich auf dem rechten Auge so schlecht sehe. Die Prüfung meines Falls hat allerdings ergeben, dass auch meine Sehkraft von 10 Prozent kein Hindernis darstellt, die Ausbildung anzutreten. Wenn man sich's überlegt, ist es nur gut, dass sie wirklich jeden annehmen …

*

Mein Stubenkamerad Basile hält am hartnäckigsten an dieser Geschichte mit *Cash Investigation* und der Undercoverreportage fest. Ich habe versucht, ihn einzusacken, indem ich ein paar mit ihm getrunken und ihm dabei Anekdoten aus meinem erfundenen Vorleben erzählt habe, aber er hört einfach nicht auf. Ich komme mir permanent vor wie auf einem Schleudersitz. Ich muss immer aufpassen, dass ich mich ja nicht verrate. Manchmal habe ich sogar Angst, dass ich im Schlaf spreche. Das zehrt an meinen Kräften.

»Papy, der dreht Reportagen«, gackert Basile eines Abends, als wir uns auf der Stube unterhalten.

»Hör auf, du nervst!«

Ich bin so verärgert, dass ich den Schlüssel zum Vorhängeschloss meines Spinds aus der Tasche hole.

»Hier, willst du nachsehen, ob ich eine Kamera habe? Los, schau nach! Keine Kamera drin! Was für ein Blödsinn!«

Ich starre ihn drohend an. Er traut sich nicht, mir zu antworten.

»Der Typ aus dem Fernsehen, das bin ich nicht, okay? Wenn ich jemanden auftreiben will, der dieselbe hässliche Fresse wie du hat, ist das ja auch kein Problem!«

Danach lässt er mich in Ruhe, bis zum Schluss.

KAPITEL 13

Abschlussfeier des Lehrgangs, 24. November 2017. Nach der Festansprache des Präfekten werfen wir unsere Schirmmützen in die Luft. Gleich darauf stellt mir Mickaël seine Freundin und seine Eltern vor. Mein eigener Vater fühlte sich wieder einmal provoziert, als ich ihn zu dieser Feier eingeladen habe. »Ich denke gar nicht daran, Weißmützchen!«, hat er nur geknurrt.

Ich habe den 27. Platz unter 54 erfolgreichen Abgängern erreicht, unauffällig in der Mitte, durchgerutscht in der Menge. Diese Platzierung hat sowieso keinen Einfluss auf die weitere Laufbahn bei der Polizei.

Und jetzt ist es amtlich – ich bin ein Flic. An der Uniform und auf den Schulterstücken die kobaltblauen Säume eines ADS, einer von vielen in der Menge der Versammelten. Inzwischen kenne ich die Dienstgrade der Polizei längst auswendig. Über mir als kleinem ADS kommt zuerst der *gardien de la paix*, der reguläre Wachtmeister. Über dem stehen der Unterbrigadier, der Brigadier, der Chefbrigadier, der Major, darüber der Kapitän und der Kommandant. Auf dem Gipfel dieser Pyramide thront der Kommissar.

Jetzt muss ich nur noch wissen, wo ich meine erste Stelle antreten soll. Keine Ahnung, wohin mich die Winde der Polizeiverwaltung tragen werden.

*

Vier Tage darauf werden diejenigen unter uns frischgebackenen Hilfspolizisten, die sich für einen Posten in der Stadt und im Großraum Paris beworben haben, darunter auch ich, in einen Hörsaal der Polizeipräfektur zusammengerufen. Jetzt erfahren wir endlich, welche Stellen uns zugewiesen werden.

»In den letzten 20 Jahren waren 4500 ADS in Paris eingesetzt, von denen 44 Prozent in der Folge den Aufstieg zum regulären Polizisten geschafft haben.«

Ich höre Major Castro nur mit halbem Ohr zu, nervös vor Anspannung wegen meiner ersten Stelle. Die Veranstalter machen es spannend.

»Wenn Sie Ihren Posten antreten, denken Sie daran, ein Vorhängeschloss für den Spind mitzubringen«, rät uns ein anderer Polizist, der unten vor dem Podium steht, neben dem Major. »Bei der Polizei gibt es nämlich keine Diebe, sondern nur Bestohlene …«

Endlich fängt der Major an, die Liste mit der Postenzuweisung zu verlesen, in alphabetischer Reihenfolge. Ich warte gespannt.

»Gendrot?«

»Hier!«

»Für Sie haben wir die psychiatrische Ambulanz der Polizeipräfektur Paris. Sie werden nicht abgeholt, Anreise auf eigene Kosten.«

Ab ins Irrenhaus? Was soll das denn? Na großartig. Mein Traum, mich undercover in ein Polizeirevier einzuschleusen, löst sich ins Nichts auf.

KAPITEL 14

Ich kutschiere Verrückte. Ich bin ein Irrenchauffeur. Eine schnelle Recherche auf meinem Smartphone sagt mir, dass die *Infirmerie psychiatrique de la préfecture de Police de Paris* – die I3P für Eingeweihte – im 14. Arrondissement liegt, direkt neben dem Krankenhaus Sainte-Anne und dem Santé-Gefängnis.

Im zweiten Stock eines Gebäudes in der Rue Cabanis nehme ich einen gesicherten Fahrstuhl und erreiche schließlich einen langen Korridor mit ausgeblichenen Wänden. Einige Pfleger unterhalten sich aufgeregt miteinander. Es geht um einen Patienten, der am Vorabend eingeliefert wurde. Auf ihren Kitteln tragen sie den rot-blauen Wappenhahn der Pariser Polizeipräfektur.

Ich habe einen Termin bei einer Dame der Leitung des I3P, die mir gelangweilt entgegenblickt. Sie schüttelt mir fest und ohne ein Lächeln die Hand, ich folge ihr in ihr Büro.

»Ihre Arbeit besteht hauptsächlich darin, Patienten an verschiedene psychiatrische Fachkliniken zu fahren. Sie sind außerdem für die Betankung und Reinigung des Fahrzeugs verantwortlich.«

Das betreffende Fahrzeug steht unten, ein Citroën-C8-Krankenwagen.

In meiner sperrigen Ausrüstungstasche, die ich die ganze Zeit mit mir herumschleppe, habe ich die Uniform und meine Kampfstiefel dabei, frisch gewachst und bereit zum Einsatz. In der linken Hand halte ich die schwarze kugelsichere Weste.

»Das werden Sie hier alles nicht brauchen, Sie arbeiten in Zivil«, erklärt mir die Beamtin.

»Und meine Dienstwaffe? Ich soll sie eigentlich am Freitag abholen.«

»Die brauchen Sie auch nicht. Hier gibt es keine Waffen.«

Bei der Antwort auf meine naive Frage lächelt die Dame zum ersten Mal. Sie schildert mir das System der Schichtarbeit: Auf drei Tage Bereitschaft folgen jeweils drei Tage Freizeit.

»Ihr Arbeitstag geht von 10 bis 20 Uhr. Ab 18 Uhr können Sie, wenn Sie alle Aufträge erledigt haben, auch früher Feierabend machen. Sie arbeiten im Wechsel mit einem anderen ADS. Hier am I3P herrscht Diskretion. Ich muss Sie auf die Schweigepflicht hinweisen, besonders im Hinblick auf mögliche prominente Patienten.«

Ende 2017 ist der russische Aktivist Pjotr Pawlenski höchstpersönlich hier gelandet (das war noch bevor er das Sextape veröffentlicht hatte, das dann Benjamin Griveaux veranlasste, seine Kandidatur als Oberbürgermeister von Paris aufzugeben), weil er an der Tür einer Filiale der Banque de France Feuer gelegt hatte.

Ich frage mich plötzlich, was ich hier soll, so weit entfernt von meinem eigentlichen Ziel. Reicht es, wenn ich hier zwei oder drei Monate abreiße, bevor ich die Versetzung an ein Polizeirevier beantragen kann? Bei geplanten neun Monaten undercover (drei Monate Ausbildung, ein halbes Jahr auf einem Revier) wäre das eine akzeptable Verzögerung. Schließlich kann bei Undercoverreportagen immer etwas Ungeplantes passieren. Als ob die Dame meine Gedanken lesen könnte, fügt sie hinzu:

»Als ADS bleiben Sie ein Jahr hier.«

Ein Jahr! Diese präzise Auskunft macht mir die Entscheidung leicht. Ein Jahr ist viel zu lang, kommt nicht infrage. Was soll ich tun? Kündigen? Aber was fange ich dann mit meinen drei Monaten Polizeischule an? Soll ich vielleicht einen Artikel über die Ausbildung bei der Polizei schreiben? Haha. Was für eine Scheiße.

Zum Abschluss des Gesprächs empfiehlt mir die Dame von der Klinikleitung, in den Pausenraum zu gehen, um mir dort die Arbeitsabläufe erklären zu lassen. Ich schiebe mich durch eine Schwingtür, hinter der die Zellen der Irren liegen, eine Reihe granatfarbener Türen, von schwachen Lichtern erhellt. Eine Putzfrau zieht von einer zur anderen und sammelt die Reste von den Essenstabletts ein.

Linker Hand auf dem Gang komme ich an einer Küche vorbei, dann rechts der Pausenraum. Darin treffe ich einen bärtigen Mann im blauen Kittel an.

»Guten Tag, sind Sie der neue Arzt?«, fragt er mich lächelnd.

»Nein, ich bin der neue ADS und …«

»Ach, du bist der neue Krankenwagenfahrer! Herzlich willkommen! Ich bin Jocelyn. Ich bin Aufseher hier.«

Die Aufseher tragen einen blauen, die Pfleger einen weißen Kittel. Der Typ wirkt sympathisch, aber ich bin nicht zum Plaudern aufgelegt. Ich will einfach alleine sein, um ein bisschen nachzudenken.

»Das Gute an der Stelle hier ist, dass man Zeit hat, sich auf die Bewerbung als regulärer Polizist vorzubereiten.«

»Klingt nicht schlecht«, erwidere ich.

Mein Gesprächspartner scheint mit Arbeit nicht gerade überhäuft zu sein. Gemächlichen Schrittes entfernt er sich in die Küche, um Tee zu kochen. Ein anderer Mann in Zivil setzt sich zu mir. Jérémy, der andere ADS, mein Kollege als Fahrer. Angesichts meines mutlosen Gesichtsausdrucks lächelt er.

»Ich kann dir sagen, dass ich genauso geschmollt habe wie du, als ich hier ankam.«

Der Kollege erklärt mir den Dienst.

»Im Prinzip geht's hier ganz gemütlich zu. Für die Verlegungsfahrten musst du dir noch *Waze* auf dein Smartphone runterladen, das ist eine App. Ich gebe dir die Adressen der Kliniken, die wir anfahren. Die sind überall in der Île-de-France.«

»Bist du schon lange hier?«

»Über anderthalb Jahre. Ich habe einen kleinen Jungen, da war das einfach praktischer.«

Draußen im Gang schlurft ein junger Mann im schwarzen Jogginganzug vorbei. Er ähnelt dem jungen Blonden aus *Elephant*, dem Gus-Van-Sant-Film. Sein Kopf ist im Gewirr der blassblonden Haarsträhnen kaum zu erkennen, sein Blick ins Leere gerichtet. Die Jogginghose ist ihm zu groß. Jetzt rutscht sie ihm herunter, blaue Boxershorts aus Lycra kommen zum Vorschein. Seine Unterarme sind mit einem weißen Ledergurt an den Oberkörper gefesselt.

*

Ein paar schnelle Recherchen zeigen mir, dass die I3P den Ruf einer Blackbox hat, aus der nichts nach außen dringt.

»Wenn es einen vor der Öffentlichkeit verborgenen Ort gibt, dann diesen. Niemand, auch kein Journalist, erfährt, was in dieser in Frankreich einmaligen und zunehmend umstrittenen Einrichtung passiert, wo Personen ›untergebracht‹ werden, die von der Polizei aufgegriffen wurden und sich psychisch auffällig verhalten«, schrieb die Journalistin Cécile Prieur 2006 in *Le Monde*.[9]

Die meisten der etwa 2000 Patienten, die jährlich hier eingewiesen werden, wurden wegen strafbaren Verhaltens von der Polizei in Gewahrsam genommen. Die I3P dient als psychiatrische Notaufnahme ausschließlich für die Pariser Polizei und ist damit eine in Europa einmalige Anstalt, ein Erbe aus der napoleonischen Zeit. Man denkt unwillkürlich an die *lettres de cachet*, mit denen die französischen Könige nach Belieben und ohne

9 Cécile Prieur, »L'infirmerie sans garde-fous de la préfecture de police de Paris«, *Le Monde*, 28. Dezember 2006.

Rechtsgrundlage unbequeme Männer in den Kerker werfen, ins Exil treiben oder in Hausarrest sperren ließen. Kritiker der I3P sprechen von willkürlichen Einweisungen gegen den Widerstand der Betroffenen.

Claude Finkelstein, Vorsitzende der *Fédération nationale des patients et ex-patients en psychiatrie* (Fnapsy), des Verbandes gegenwärtiger und ehemaliger Psychiatriepatienten, meint über die I3P: »Es ist längst an der Zeit, dieses entwürdigende System abzuschaffen, das an die *lettres de cachet* erinnert.« Serge Blisko, früherer Abgeordneter und Bürgermeister des 13. Arrondissements für die Sozialisten, nannte die Anstalt während seiner Amtszeit ein »psychiatrisch-polizeiliches System«.

Wird in Frankreich jemand im Delirium auf der Straße aufgegriffen, wird er zunächst einem Arzt vorgeführt und dann gegebenenfalls in eine psychiatrische Klinik eingewiesen. Außer in Paris. Hier kommt er vor eine UMJ (*Unité médico-judiciaire*, eine ärztliche Kommission) und landet dann – gewöhnlich 24 bis 48 Stunden lang – an meinem neuen Arbeitsplatz.

Der Papst der Undercoverreportage selbst, Albert Londres, wollte sich hier einschleichen. Am Anfang seines 1925 erschienenen Buchs *Chez les fous* berichtet er, wie er sich als angeblich Geisteskranker in der Aufnahme der damaligen Infirmerie spéciale du dépôt, der heutigen I3P, vorstellt, vom seinerzeitigen Chefarzt prompt enttarnt wird und sein Vorhaben aufgibt.

Es ist also wahrscheinlich, dass ich, weil mir die Stelle zufällig zugewiesen wurde, der erste Journalist überhaupt bin, der ohne Einschränkung in diesen Korridoren herumspazieren darf.

Hinter der Tür einer von außen verschlossenen Zelle brüllt ein Mann, der sein Neuroleptikum nicht nehmen will.

»Dieses Zeug macht, dass ich keinen mehr hochkriege. Ich will aber einen hochkriegen! Ich habe seit 21 Jahren keinen mehr hochgekriegt!«

Ich muss zugeben, dass dieser neuentdeckte Planet voller Außerirdischer den Voyeur in mir reizt. Bei jedem Undercoverprojekt ist ja mein Ziel, in ein Paralleluniversum, eine unbekannte Welt einzutauchen. Andererseits habe ich schon für ein Buch über die französische Polizei unterschrieben.

Ich versuche abzuwägen. Ich habe mich bisher nie länger als zwei oder drei Monate irgendwo eingeschleust und bin deswegen in den letzten vier Jahren wie ein Wanderarbeiter herumgezogen. Wenn ich ein Jahr hier an der I3P bleibe, habe ich endlich mal wieder einen festen Aufenthaltsort und ein geregeltes Einkommen.

Außerdem fängt mein Vater bald mit der nächsten Chemotherapie an. Ich will so oft wie möglich an seiner Seite sein. Hier an der Ambulanz habe ich jede Woche nach drei Tagen Dienst drei Tage hintereinander frei. Das heißt, ich kann ziemlich oft zu meinen Eltern fahren.

Schließlich gebe ich damit mein Projekt, mich in ein Polizeirevier einzuschleichen, ja nicht auf.

Die Entscheidung ist getroffen. Ich bleibe.

KAPITEL 15

Das hier ist der Hof der Wunder.« Olivier, ein Sanitäter, meint eine Patientin, die gerade eingeliefert wurde. Sie wurde in die erste Zelle gesperrt, links vom Gang. Sie steht hinter der Tür am rechteckigen Fensterchen und verfolgt das Kommen und Gehen der Pfleger. Von meinem Platz im Pausenraum aus kann ich sie sehen. Ich trinke den dritten Kaffee dieses Morgens. Unvermittelt schlägt die Frau wuchtig gegen die Tür.

»Nazibande! Ich gehöre nicht hierher, ich muss zur Arbeit!«

Ein Pfleger versucht sie zu beruhigen, gibt aber auf.

»Du da! Der Nichtstuer mit der Brille, der immer nur Kaffee trinkt und dem alles scheißegal ist!«

Meint sie mich? Ich tue so, als hätte ich nichts gehört. Jérémy neben mir gähnt. Jetzt schwadroniert sie auf Deutsch. Ich erkenne die Sprache, verstehe aber nichts. Niemand kümmert sich um sie, also schaltet sie wieder auf Französisch um.

»Ihr habt mir was zu essen versprochen!«

Sie bekommt eine Mahlzeit, findet sie aber »widerlich«. Sie wirft die Servietten auf den Boden, wirft die Schale mit der Roten Bete um. Die roten Würfel liegen auf dem Fußboden, rotbrauner Saft läuft bis in den Flur.

»Wir reden hier nicht mit den Patienten«, erklärt ein Sanitäter. »Sie sind in der Krise. Wir fixieren sie und stellen sie ruhig. Das Reden kommt später, im Krankenhaus.«

»Bringt ein bisschen Leben in die Bude!«, sagt Jérémy lächelnd.

Der Sanitäter muss die Frau schließlich sedieren. Mein Kollege und ich schauen bei solchen Szenen nur zu. Wir sind bloß die Fahrer.

In den vergangenen drei Wochen hat Jérémy mir seine Lebensgeschichte erzählt. Als Urlaubsvertretung in einer Stahlfabrik des Konzerns ArcelorMittal hat er 1800 Euro pro Monat verdient. Aber er wollte schon lange ein Flic werden. Als ADS bekommt er jetzt nur noch 1340 Euro. Außer den Uniformierten, die Patienten einliefern oder abholen, ist Jérémy der einzige Polizist, mit dem ich während der Arbeit zu tun habe.

*

An diesem Morgen sollen wir eine Frau ins Bichat-Krankenhaus an die Porte de Saint-Ouen im Norden von Paris fahren. Die Patientin will ihre Zelle nicht verlassen. Sie weigert sich, sich anzuziehen. Sie weint. Im Gang bildet sich ein Auflauf.

»Ich will nicht! Ich will hierbleiben!«

Zwei Wärter zerren sie aus der Zelle. Sie stemmt sich mit den Füßen gegen den Boden. Sie krümmt sich im Korridor. Ein vollkommenes kastanienbraunes Rechteck rahmt ihr verschlossenes Gesicht ein. Ihr blauer Pyjama schleift auf dem Boden, sie will nicht in den Fahrstuhl steigen.

»Wenn Sie nicht mitkommen, liegen Sie gleich auf dem Boden!«, regt sich einer der Wärter auf.

Bernard packt sie am Pyjamakragen und wirft sie zu Boden. Sie schlägt lang hin. Keiner der Umstehenden sagt etwas. Sie bleibt liegen, weinend, Haare in den Augen und im Mund. Ihr Pyjama ist aufgegangen und zeigt ihre rechte Schulter.

Einige Pfleger holen einen Rollstuhl für sie, sie wehrt sich immer noch, wird mit Gewalt hineingesetzt.

Unten klettert sie dann selbst in den Krankenwagen, eingerahmt von einer Krankenschwester und einem Wärter. Schließlich schläft sie ein. Jérémy fährt. Ich komme mit, um mir die Zeit zu vertreiben. Er seufzt.

»Diese Leute sind zu nichts gut. Überleg mal – sie haben ihre Wärter, machen einen Haufen Arbeit, und sie selbst tun überhaupt nichts, lassen sich bedienen.«

»Diese Leute sind krank«, erwidere ich ruhig. »Was willst du denn mit ihnen machen?«

»Gnadenschuss.«

Manche Wärter und Sanitäter teilen seine Ansicht. Nur die Mittel unterscheiden sich, eine Gewehr- oder Pistolenkugel bei den einen, die Todesspritze bei den anderen.

Die Frau wacht erst an der Einfahrt des Krankenhauses wieder auf, 50 Minuten später. Sie macht mit ihrer Vorstellung weiter. Aus ihrem verschlossenen Gesicht mustert sie die Krankenschwester mit bohrendem Blick.

»Miststück! Lass mich in Ruhe, dich mag ich nicht!«

Sie wirft dem alten Wärter einen Blick zu.

»Und du, du Arschloch! Du fasst mich nicht mehr an!«

Die beiden müssen all ihre Überredungskunst und Ruhe aufbringen, um sie in den Rollstuhl zu setzen und ins Krankenhaus zu schieben.

Auf der Rückfahrt schnarchen Schwester und Wärter im jetzt patientenfreien Krankenwagen.

Jérémy wird richtig wach. Er erzählt mir von dem Département, aus dem er kommt, der Aisne. Kürzlich lief auf TF1 in der Sendereihe *Sept à huit* eine Reportage über die vielen Fälle von Drogenmissbrauch dort.

»Ich kenne welche, die mit mir zur Schule gegangen sind, die ich wirklich gut kenne, und die sind jetzt auf H und so Zeug.«

Er senkt die Stimme.

»Ich hab auch schon mal H gespritzt. Einmal. Das reicht auch, noch mal muss nicht sein. Als ich noch Sport getrieben habe, hatte ich einen guten Kumpel, auch ein Flic, der mir gesagt hat, Polizisten sind oft Kriminelle, die auf die schiefe Bahn geraten.«

Um Viertel nach acht abends sind wir wieder in der Ambulanz. Jérémy macht früher Feierabend. Ich übernehme die beiden letzten Patientenverlegungen. Eine Absprache zwischen uns. Er erzählt mir, dass er gerade seine Versetzung beantragt hat. Demnächst wird er an eine andere Polizeidienststelle gehen und durch einen neuen ADS ersetzt.

Ich schreibe mir ein paar Einweisungsgründe auf, wie sie mir gerade einfallen. Verhaltensauffälligkeit – zu Hause, auf der Straße oder am Flughafen Charles de Gaulle. Gewalttätigkeit im TGV. Bedrohung einer Schwangeren. Lieferwagendiebstahl.

Ich klappe mein Notizbuch wieder zu. Ich muss aufpassen, dass ich in dieser neuen Umgebung meine journalistischen Reflexe nicht verliere. Und eigentlich bin ich mit den Gedanken ganz woanders.

Morgen muss ich früh aufstehen und zu meinen Eltern zurückfahren. Der Gesundheitszustand meines Vaters hat sich in den letzten Wochen rasch verschlechtert. Er braucht jetzt einen Sauerstoffapparat, um laufen zu können. Die kleinste Anstrengung wird zur Qual. Die geplante Chemo ist abgesetzt, er ist zu schwach dazu. Seine Wangen sind eingefallen, sein Lebensmut schwindet. Zu Hause wissen wir, was das heißt.

KAPITEL 16

Papa stirbt an einem Sonntagmorgen im März. In seinem Krankenzimmer habe ich noch ein letztes Mal seine Hände berührt. Seine großen und schönen, heißen Hände, mit denen er immer meine aufgewärmt hat, als ich klein war. Als Kind hatte ich immer kalte Hände. »Oje, du hast nichts in deinen Adern«, hat er zu mir gesagt. Dann habe ich mich immer an ihn gedrückt, und er hat mich sanft und wohlwollend an sich gezogen.

Ich habe zwei Wochen Urlaub genommen. Ich war zittrig, wollte alleine sein, musste raus aus der Ambulanz, wo ich vor mich hindämmerte. Nur der medizinischen Leiterin habe ich den Grund gesagt, die Kollegen wissen nichts. Zu persönlich. Ich behalte das lieber für mich.

KAPITEL 17

Die Rückkehr an meine echte/falsche Arbeitsstelle wird mühsam. Ich bin schlecht gelaunt, das Herz noch zerrissen vor Kummer. Ich versuche mir einzureden, dass die Arbeitsroutine das beste Mittel ist, um den Trauerschmerz zu überwinden.

Ich erledige die Aufträge mechanisch und warte nur noch auf meine neue Stellung. Die Zeit dehnt sich. Manchmal entkomme ich meiner Langeweile, indem ich mir die Wahnvorstellungen und eingebildeten Komplotte der Eingewiesenen anhöre.

Ein mit Medikamenten ruhiggestellter Typ ruft uns zu: »Ihr seid ja keine Menschen. Ihr seid Hurensöhne. Mit euren Spritzen hier habt ihr mich bestimmt mit Aids angesteckt.« Dann wieder lässt mir das kindliche Lächeln eines fettleibigen Mannes das Blut gefrieren, besonders, als er bemerkt: »Als ich klein war, habe ich's meiner Schwester besorgt.« Übergriffig ist er immer noch, aber heute war es seine Mutter, die er angefallen hat. Oder der junge Obdachlose, der behauptet, Politologiestudent zu sein, und mir anvertraut: »Mir ging's schlecht, ich bin zu meinem Arzt gegangen, und der hat gesagt, es ist kein Platz frei. Also habe ich ihm eine geklebt.«

Die Liste der in ihren eigenen Wahnvorstellungen Gefangenen ist endlos. Ein Türke hat sich einen Zahn herausgerissen, in den seine Frau heimlich ein Mikrofon eingebaut hat, um ihm nachzuspionieren; ein Schizophrener mit englischem Akzent ist, ein Messer in der Hand, am Gare de Lyon aufgegriffen worden und fordert das Recht, sich »ein Stück vom Brownie abzuschneiden«.

Zwei Patienten sind mir besonders im Gedächtnis geblieben. Einmal Odile, eine häufige Besucherin der Ambulanz. Als sie in den Korridor hinausgeht, begrüßt sie einer der Sanitäter mit »Odile, hallo! Lange nicht gesehen!« Diese Frau ist 58, sieht aber zehn Jahre älter aus. Seit dem ersten ihrer 51 Aufenthalte hier, im Jahr 1986, lautet der ärztliche Befund immer gleich: Sie leidet an »defizitärer Psychose«. Andere Ärzte sprechen kurz von »Schwachsinn«.

Manchmal wird sie in eine Psychiatrie eingewiesen, manchmal nicht. Sie ist seit 14 Jahren obdachlos und pendelt zwischen der Straße und den psychiatrischen Krankenhäusern. In den letzten fünf Monaten war sie in fünf verschiedenen, in Auxerre, Toulouse und im Süden von Paris. Heute wollte sie in einer Umkleidekabine eine Aktentasche mitgehen lassen und wurde von der Polizei abgeholt.

»Wenn man sie einweist, ist das, als ob man Wasser in einen Weidenkorb füllt, es ist sinnlos«, seufzt ein Pfleger.

Dann war da Bongo, der eines Nachts in die Ambulanz gebracht wurde, weil er Passanten auf der Straße mit einem Knüppel verfolgt hatte. Er war auf Crack, eine Woche nach einer Haftentlassung. Als ich ihn im Korridor sehe, bin ich verblüfft, wie sehr er Thierry Paulin ähnelt, dem Serienmörder der achtziger Jahre. Bongo hat die gleichen blond gefärbten Haare und die gleiche Lücke zwischen den Schneidezähnen.

Der Psychiater der Ambulanz hat die Polizei benachrichtigt, sie könne Bongo wieder abholen. Bongo erfährt davon. Schon wird er verrückt. In Panik hämmert er wie ein Wilder gegen die Zellentür.

»Ihr Verräter!«

Den Psychiater, der ihm Fieber messen will, schreit er noch lauter an.

»Sie! Sie sind ein Verräter! Ich habe Ihnen meine Lebensgeschichte erzählt!«

Der Arzt geht auf das Gespräch ein und antwortet leise. Ich schleiche mich näher und versuche zu lauschen, verborgen hinter der offen stehenden Tür. Von der anderen Seite drängen sich vier Wärter in die Zelle und beschließen, Bongo zu fixieren.

»Der ist nicht verrückt«, erklärt der Arzt. »Er weiß bloß, dass ihn die Abschiebehaft erwartet. Er weiß es nur zu genau.«

In einem CRA, einem *Centre de rétention administrative*, werden Migranten bis zur Abschiebung festgehalten. Sie haben dort nichts weiter zu tun, als darauf zu warten, dass man sie dorthin zurückbringt, wo sie hergekommen sind – und sich von ihren Träumen zu verabschieden. Ein paar Minuten später kommen drei Flics, um Bongo abzuholen.

Die hier Festgehaltenen haben weder die Rechte eines Patienten im Krankenhaus noch die eines vorübergehend Festgenommenen. Seit 2009 haben sie immerhin das Recht auf einen Anwalt. Theoretisch. In der Praxis sehe ich in den 15 Monaten meiner Dienstzeit hier keine einzige schwarze Robe.

Wer hierherkommt, wird von einem Medizinstudenten im praktischen Jahr empfangen, bekommt ein Beruhigungsmittel und wird fixiert. So läuft das zumindest in den seltenen Fällen, in denen sich der Patient selbst einweist. Die Sedierung erfolgt entweder oral – über ein Glas Wasser zum Trinken –, wenn der Patient ruhig ist, oder als Injektion, wenn er sich wehrt. Ist der Neuzugang völlig durchgeknallt, bekommt er eine erhöhte Dosis.

Danach bleibt der Patient auf dem Bett fixiert. Vom 15. bis 17. Juli 2009 überprüfte der *Contrôleur général des lieux de privation de liberté*[10] bei einem Lokaltermin die I3P und gab einen

10 Beauftragter des französischen Staates, der Anstalten, in denen Freiheitsentzug angewandt wird, auf die Rechtmäßigkeit und Verhältnismäßigkeit dieser Maßnahmen kontrolliert. (A. d. Ü.)

Bericht heraus. Darin heißt es: »Die Gründe für die Fixierung werden in manchen Fällen nicht ausreichend erklärt. Die Begründung muss stets klar und eindeutig sein.« Das ist schonend ausgedrückt. Meiner Erfahrung nach werden die Patienten grundsätzlich fixiert, ohne Rücksicht auf den Grund ihrer Einlieferung.

Der Bericht bemängelt unter anderem auch, dass es keine Duschen für die Patienten und keine Notrufklingel auf den Zellen gibt (die Patienten müssen an die Tür hämmern, um einen Pfleger zu rufen), dass die Pyjamas nicht in allen Größen vorhanden sind und die Zellenfenster keine Läden haben.

Ein neuer Bericht des Contrôleur général von 2019 zeigt sich von Neuem erstaunt über den »ungeklärten Status« einer Institution, die einerseits psychiatrische Notfälle versorgt, andererseits der Polizei untersteht.

Die Patienten, die ich hier ankommen sah, waren sämtlich alleine und oft sehr arm. »Von Göttern und Menschen Vergessene« nannte sie eine Krankenschwester mir gegenüber einmal. Menschen in der Krise, Drogensüchtige, Obdachlose, Migranten, fast immer Verelendete aus den drei bevölkerungsreichsten Pariser Arrondissements, dem 18., 19. und 20.

An meinen freien Tagen habe ich mir inzwischen die Akten zur I3P in der François-Mitterand-Nationalbibliothek angeschaut. Eine Dissertation von 1977 über die psychiatrische Ambulanz ergab, dass die Eingewiesenen aus der »vorwiegend männlichen, jungen, sozial und wirtschaftlich stark benachteiligten« Bevölkerung stammten und fast immer im »betrunkenen oder akut psychotischen Zustand wegen mehr oder weniger schwerer Störung der öffentlichen Ordnung« aufgegriffen wurden. Weiter heißt es: »Ein Drittel der Betroffenen ist ohne festen Wohnsitz, ein weiteres Drittel Gastarbeiter. Unsere Patienten rekrutieren sich somit überwiegend aus einem Subproletariat von Arbeitslosen, Stadtstreichern und Entwurzelten.«

40 Jahre später hat sich die Besetzung des Dramas nicht geändert.

In den Monaten, die ich damit verbringe, auf meine Versetzung zu warten, habe ich schließlich vergessen, dass ich eigentlich Polizist bin. Aus dem Posten als Krankenwagenfahrer ist ein Job wie jeder andere geworden. Während ich so in der Luft hänge, habe ich mich auch noch von meiner Freundin getrennt. Ich bin aus der gemeinsamen Wohnung ausgezogen und lebe jetzt allein, in einer Einzimmerwohnung mit 15 Quadratmetern in Vincennes. Wie um mich für mein neues Leben zu mausern.

Auf den Schreibtisch in meiner Bude habe ich ein Porträtfoto meines Vaters gestellt. Er lächelt, als wollte er gleich etwas sagen. Manchmal rede ich mit ihm, dann fühle ich mich besser.

Eines Morgens dann kann ich endlich mein Versetzungsgesuch einreichen. Ein paar Zeilen, in denen ich erkläre, dass ich meine Ausbildung bis zum regulären Polizeiwachtmeister fortsetzen möchte. »Ich möchte mich gerne mit der Teamarbeit auf einem Polizeirevier und bei der Sicherheitspolizei vertraut machen und meine Kenntnisse in Interventionsmethoden und Arbeitsabläufen vervollkommnen.«

Ich gebe drei Wunscharbeitsplätze an: die Polizeireviere des 19., 18 und 20. Arrondissements, in dieser Reihenfolge. Die Reviere, die als die sensibelsten in ganz Paris gelten. Warum das 19. zuerst?

Im März 2016 erschütterte ein Fall von Polizeibrutalität dieses Polizeirevier und machte mich aufmerksam. Der Vorfall spielte sich am Rand der damaligen Demonstrationen gegen das geplante neue Arbeitssicherungsgesetz ab, Schauplatz war das Lycée Henri-Bergson, ein Gymnasium am Rand des Parks Buttes-Chaumont.

Videoaufnahmen zeigen einen Polizisten, der einem Gymnasiasten einen Faustschlag versetzt. Der Jugendliche, 15 Jahre alt, geht unter der Wucht des Schlags zu Boden. Er trägt einen Nasenbeinbruch davon und wird sechs Tage krankgeschrieben. Diese Bilder erregen enorme Empörung, Innenminister Bernard Cazeneuve bezeichnet sie als »schockierend«. Der betreffende Polizist wird zu acht Monaten Haft auf Bewährung verurteilt, aber das Pariser Strafgericht lässt diese Strafe nicht in sein Führungszeugnis eintragen, er darf seinen Beruf weiter ausüben.

Am selben Tag, dem 24. März 2016, stellt ein anderer Polizist des 19. Arrondissements, nachdem er mehrere Wurfgeschosse, insbesondere Eier, abbekommen hat, einem Jugendlichen ein Bein, packt einen weiteren Schüler am Hals und zerrt ihn etwa 30 Meter mit sich. Am 24. Mai 2018, zwei Jahre nach der Tat, wird er zu vier Monaten Haft auf Bewährung und einer Zahlung von 600 beziehungsweise 700 Euro Schmerzensgeld an die beiden Opfer verurteilt. Auch er bleibt im Dienst.

An dieser Affäre ist mir eins aufgefallen: Die Kollegen der beiden Polizisten wollen kein gewalttätiges Verhalten beobachtet haben. Der Staatsanwalt, der die Bewährungsstrafe für den ersten Angeklagten beantragt hatte, bezeichnete diese Solidarität unter Kollegen als »absichtliches Verschweigen«.[11]

Mein erster Wunsch wird angenommen.

11 Lucas Burel, »Violences sur un lycéen : œuf, farine et ›omerta policière‹ à la barre«, *L'Express*, 11. November 2016.

KAPITEL 18

Ich ziehe den Bauch ein, um den Bund der marineblauen Diensthose noch schließen zu können. Nach 15 Monaten Untätigkeit an der I3P hat mein nach der Polizeischule noch sportgestählter Körper einige Kilo zugelegt. Die Jacke spannt über den Hüften. Es ist 13:40 Uhr am Samstag, dem 9. März 2019. In 20 Minuten trete ich meine erste Schicht auf dem Polizeirevier des 19. Arrondissements an.

Vor drei Tagen bin ich mit zwei anderen ADS zusammen zum Vorstellungsgespräch gerufen worden. Es war nur ein Platz bei der Brigade frei, die beiden anderen freien Stellen waren eine in der Materialbeschaffung für die 400 Beschäftigten des Reviers und eine hinter dem Rezeptionsschalter irgendeines Amtes, ich weiß nicht mehr, von welchem. Zwei Posten ohne Kontakt mit der Umgebung. Hätten die Chefs mich mit einem davon abgespeist, hätte ich gekündigt.

Aber dieses Mal hatte ich Glück. Dank meines höheren Dienstalters durfte ich mir meine Stelle aussuchen, und natürlich habe ich die Brigade gewählt. Die beiden Kollegen haben lange Gesichter gemacht. In den Nachwehen dieser entscheidenden Zitterpartie hat uns die Chefin – die Divisionskommissarin – empfangen und uns unseren neuen Arbeitsplatz vorgestellt. »Das 19. Arrondissement ist mit 190 000 Einwohnern das zweitbevölkerungsreichste von Paris nach dem 18.«, hat sie ernst rezitiert, eine Brille mit großen Gläsern auf der Nase. »Wir haben hier häufig mit Kriminalität, Drogen und Prostitution zu tun. 400 Beschäftigte arbeiten hier.«

Ich ziehe mein neues himmelblaues Polohemd an. Auf dem linken Ärmel trage ich jetzt das blau-weiß-rote Emblem mit der Aufschrift *Police nationale.* Auf dem rechten sieht man das Abzeichen *Sécurité publique de l'agglomération parisienne* mit der Devise *Assister, servir, protéger* (»Helfen, dienen, schützen«). Auf dem Rücken ist in schwarzen Buchstaben groß *POLICE* aufgeflockt.

Ich habe einen Spind in der Umkleide im Keller zugewiesen bekommen. Nummer 488. Ich räume den schwarzen Kleidersack und meine Zivilsachen ein. Neben mir ziehen sich andere Flics um. Einige haben Feierabend, andere treten gerade ihre Schicht an. Niemand redet. Ein Flic starrt unverwandt auf das Display seines Smartphones. Ich schnalle mein Koppel um.

Ich steige einige Treppenstufen ins Erdgeschoss hinauf und dringe durch zwei Schwingtüren in den »Posten« vor, den Aufenthaltsraum der Polizisten des 19. Pariser Arrondissements. Dieser Saal dient, der Öffentlichkeit nicht zugänglich, den Flics als Büro.

Die Ausstattung ist altmodisch: honigfarbene Holztäfelung, weißer Fußboden mit einer schmierigen Dreckschicht. Zwei Typen, mit Handschellen an eine schwarze Bank gekettet, warten, bis sie dran sind. Etwa 15 Flics unterhalten sich miteinander, drei davon sitzen hinter einem großen Schreibtisch. Ich kenne hier niemanden, nur meine Uniform zeigt – zumindest bilde ich mir das ein –, dass ich dazugehöre.

Das Aussehen der Kollegen überrascht mich. Die meisten wirken jünger als ich. Drei tragen einen sorgfältig gestutzten Vollbart, die Haare an den Schläfen kurzgeschnittenen und über den Ohren ausrasiert. Mit meinem glattrasierten Kinn, der Brille und den dünnen Armen falle ich hier auf. An der Polizeischule konnte ich noch den harten Kerl spielen; umso mehr sehe ich hier wie ein Student aus.

Alle mustern mich schweigend. Ich schaue neugierig und vorsichtig umher, will wie ein kleiner Aushilfspolizist unter echten, erfahrenen Flics wirken.

»Ich würde gerne meine Dienstwaffe abholen. Wie mache ich das?«, frage ich einen der Kollegen hinter dem großen Schreibtisch.

Ich erhalte eine trockene Antwort: »Mit dem Schlüssel zum Safe, in dem deine Knarre ist.«

Hinter zwei schweren weißen Türen finde ich die Schließfächer für die Waffen, darunter auch meins. Drinnen liegen meine Sig Sauer und zwei Magazine.

Ich gehe meine Waffe in einer schalldichten Kabine einsatzbereit machen. Weil ich nach so langer Zeit die Sicherheitsregeln vergessen hatte, habe ich mir am Abend zuvor eine Anleitung auf YouTube angeschaut. Jetzt konzentriere ich mich, um nicht wie ein Grünschnabel zu wirken.

Ich vergewissere mich, dass keine Patrone mehr im Lauf ist, indem ich die Waffe auf einen dafür vorgesehenen Sandsack richte und den Hahn mit einem *Kla-Klack!* zuschnappen lasse, lege ein Magazin ein und drücke ein Projektil ins Patronenlager, damit die Waffe einsatzbereit ist. Ich schiebe mir die 900 Gramm ins Koppel und das zweite Magazin in die rechte Hosentasche.

»Vergiss nicht zu unterschreiben, Großer«, ermahnt mich der Flic, von dem ich die Schließfachschlüssel bekommen habe. »Deine Matrikelnummer?«

»299 145.«

Er tippt die Zahlen in seinen Rechner ein.

»In Ordnung, du kannst unterschreiben.«

»Wofür ist das gut?«, frage ich.

»Um festzuhalten, dass du deine Knarre aus dem Schließfach genommen hast. Heute Abend, am Schichtende, gibst du sie wieder ab und unterschreibst noch mal.«

Meinen ersten Einsatz habe ich als Eingangswache: ein Doppelposten mit einem anderen Flic draußen vor dem Revier hinter einer einfachen Metallbarriere. Wir durchsuchen die Taschen der Besucher und erkundigen uns nach dem Grund ihres Kommens. Vor der Tür treffe ich meinen Kollegen. Er heißt Radha, hat durchdringende Augen, einen straffen, muskulösen Körperbau und den Kopf fast kahl rasiert.

»Wann hast du angefangen?«, fragt er mich und spielt dabei nervös an seiner Knarre herum.

»Mein erster Tag heute.«

Er antwortet nichts. An seinem Dienstgradabzeichen – einem einfachen Schrägstreifen – erkenne ich ihn als Wachtmeister auf Probe. Ein neuer Flic, der nach einem Dienstjahr übernommen wird.

In der Rue Erik-Satie kommen und gehen die Passanten, ein paar Jungs spielen auf einem Schulhof. Alles ist ruhig. Ich trage eine kugelsichere Weste, »schwere Ausführung«, deren Keramikpanzerplatten auch die Geschosse eines Sturmgewehrs abhalten. In diesem Aufzug fühle ich mich erst recht verwundbar.

Mir wird dadurch nämlich bewusst, dass ich tatsächlich ein mögliches Ziel bin. In den vergangenen Jahren haben Terroristen mehrfach Flics ins Visier genommen – zum Beispiel wurden 2016 in Magnanville zwei Polizisten getötet.[12] Eine alte Frau tritt auf uns zu und verjagt diesen Gedanken:

12 Am 13. Juni 2016 wurden Jean-Baptiste Salvaing, Polizeikommandant am Polizeirevier in Mureaux, und seine Lebensgefährtin Jessica Schneider, Verwaltungsbeamtin am benachbarten Revier Mantes-la-Jolie, in ihrem Haus in Magnanville von einem Islamisten namens Larossi Abballa erstochen. Der Täter kam beim anschließenden Polizeieinsatz ums Leben.

»Guten Tag, mein Mann hat letzten Donnerstag zu mir gesagt, ›Ich bringe dich um‹. Er ist krank und hat oft schlechte Laune, aber ich will ihn trotzdem bei der Polizei anzeigen.«

Radha wehrt ab, das sei schon ein bisschen lange her. »Da kann die Polizei nichts unternehmen.« Ich erkundige mich nach näheren Einzelheiten.

»Hat er Sie schon einmal geschlagen? Dann nämlich …«

»Wenn er Sie noch mal bedroht, kommen Sie wieder«, schneidet mir Radha das Wort ab.

Die Frau zieht schnell wieder ab, ohne etwas zu Protokoll zu geben.

Seit der dreistündigen Unterrichtseinheit über häusliche Gewalt weiß ich, wie oberflächlich die Ausbildung der Flics in diesem Punkt ist. Radha hat gerade eine Frau wieder nach Hause geschickt, die von ihrem Ehemann mit dem Tod bedroht wurde! Ich versuche mich nicht gleich in der ersten Stunde der ersten Schicht aufzuregen.

Am 13. Februar 2020 veröffentlicht der Innenminister einen Prüfungsbericht mit dem Titel »Aufnahme weiblicher Opfer häuslicher Gewalt in den Polizeirevieren und bei der Gendarmerie«. Die Resultate sehen aus wie Wahlergebnisse in einer Diktatur: 90 Prozent der Betroffenen sexueller und sexistischer Gewalt fanden die Behandlung durch Polizei und Gendarmerie zufriedenstellend, 90 Prozent gaben an, keine Schwierigkeiten bei ihrer Anzeige gehabt zu haben, und 76 Prozent fanden die Frist bis zur Anklageerhebung zufriedenstellend.

Die Daten dieser internen Prüfung veranlassten Albane Gaillot, Abgeordnete des Wahlbezirks Val-de-Marne, die als Angehörige der Regierungspartei *La République en marche* kaum der negativen Voreingenommenheit verdächtig sein dürfte, sich am 18. Februar 2020 mit einem Brief an Innenminister Christophe Castaner zu wenden: »Die Reaktion der Hilfsorganisationen für Frauen, die Opfer von Gewalt wurden, ist einhellig: Diese Zahlen, so erfreulich sie sein mögen, entsprechen nicht der Realität, die sie täglich in der Praxis erleben. Der Aufruf der Gruppe F[13] vom März 2019, sich mit Zeugenaussagen zu melden, erbrachte um die 500 Rückmeldungen aus fast allen Départements. Hier wird in 91 Prozent der Fälle die Behandlung der Anzeige durch die Polizei bemängelt. Weigerung, die Anzeige aufzunehmen, Verharmlosung der Gewalttaten, usw. [...] Ich frage mich, unter welchen Bedingungen dieser Prüfungsbericht zustande kam, da uns sämtliche Befragten, die wir im Rahmen des Runden Tischs zur häuslichen Gewalt konsultiert haben, versichern, wie dringend verbesserungsbedürftig die Behandlung von Anzeigen und Notrufen der Opfer bei den Dienststellen von Polizei und Gendarmerie sei.«

»Du bist noch neu hier!«, ermahnt mich mein Kollege. »Erst mal beobachtest du nur, wie das hier abläuft. Nur beobachten.«

Die Parade geht weiter: Ein Mann will Anzeige erstatten, sein Mobiltelefon ist gestohlen worden. Radha inspiziert seine Umhängetasche, bevor er ihn hineinlässt. Eine Frau kommt, um Jugendliche anzuzeigen, die vor ihrem Haus Mofarennen veranstalten. Sie ist genervt, zetert wegen der Untätigkeit der Polizei. Ein Mann sucht seine demenzkranke Mutter, die seit zwei Stunden verschwunden ist. Ein Anwalt kommt, um die Verteidigung eines Mandanten vorzubereiten, der hier in Polizeigewahrsam sitzt.

Zwischen diesen Dienstgesprächen wechseln mein Kollege und ich kaum ein Wort miteinander. Radha fragt, was ich vorher gemacht habe, und ich erzähle ihm von der psychiatrischen Ambulanz. Das interessiert ihn nicht. Die kugelsichere Weste drückt.

Unsere erste Stunde Wachestehen geht zu Ende. Es ist 15 Uhr, zwei andere Flics lösen uns ab. In einer Stunde gehen wir wieder

13 Nichtregierungsorganisation zur Bekämpfung sexistischer und sexueller Gewalt, gegründet von Caroline de Haas.

auf Posten, und immer so weiter, abwechselnd bis zum Schichtende. Eine Stunde draußen, eine Stunde drinnen.

Ich beobachte, wie mein Kollege zur Garage des Reviers verschwindet, um seine Kippe zu rauchen. »Gleich müssen wir uns um die Beschlagnahmungen kümmern«, warnt er mich.

»Was ist das?«

»Erkläre ich dir noch.«

Drinnen im Aufenthaltsraum setze ich mich hinter den großen Schreibtisch. Der heißt übrigens nicht so, sondern *bat-flanc*, also »Pritsche«. Hinter mir zweigt eine Tür auf den Gang mit den Zellen für den Polizeigewahrsam, die Ausnüchterung und die Durchsuchung Verdächtiger ab. Auf einer weißen Tafel obendrüber stehen in Blau die Namen aller Gewahrsamshäftlinge. Sie sitzen in fünf verschiedenen Zellen ein. Gegenüber der Pritsche öffnen sich mehrere Türen auf die Schreibstuben mit den Rechnern und zwei Magazine für Ausrüstung und Waffen. Die letzte Tür, eine Schwingtür, führt in die Schalterhalle hinaus, den Raum, in dem die Bürger Beschwerden vorbringen und Anzeige erstatten können. Die höheren Beamten haben ihre Büros in den oberen Etagen.

Ich begreife ziemlich schnell, dass die Arbeit an der Pritsche hauptsächlich darin besteht, die Zeit totzuschlagen. Neben mir spielt ein Flic mit ergrauendem Bart und Bürstenhaarschnitt auf seinem stummgeschalteten Smartphone.

»Bullitt!«, ruft ihm ein Kollege im Vorbeigehen zu.

Bullitt? Wie in diesem Steve-McQueen-Film? Seltsamer Nachname.

»Was? Was ist los?«, brüllt Bullitt zurück.

»Bist du der Chef vom Dienst?«

Der Chef vom Dienst trägt, wie mir Radha kurz zuvor erklärt hat, für alle etwaigen Vorkommnisse die Verantwortung, ob es sich um Schwierigkeiten mit einem Gewahrsamshäftling handelt oder zum Beispiel um das Verschwinden eines bei einer Durchsuchung sichergestellten Gegenstands. Er vermerkt auch diejenigen, die sich, etwa im Rahmen einer Bewährungsstrafe, regelmäßig auf der Polizeidienststelle melden müssen.

»Klar bin ich das! Wer soll's denn sonst machen? Gibt doch nur Schwachköpfe hier!«

Bullitt bricht in Lachen aus. Er ist nervös, als stehe er unter Spannung. Drei weiße Streifen auf seiner Uniform weisen ihn als *Sous-brigadier*, Unterbrigadier, aus, den höchsten Mannschaftsdienstgrad der Polizei.

Einer der Gewahrsamshäftlinge fängt an, gegen seine Zellentür zu hämmern. Bullitt regt sich auf.

»Kann der keine Ruhe geben? Scheiße, das nervt!«

Der Häftling trommelt weiter gegen das verglaste Guckloch. Bullitt steht auf, marschiert in Richtung des Zellengangs, aus dem es nach Pisse und Moder stinkt. Ich folge ihm. Er reißt eine Zellentür auf, zerrt den Insassen an den Haaren heraus und schleppt ihn in die Durchsuchungszelle.

»Du hältst jetzt endlich dein Maul!«, befiehlt er dem Gewahrsamshäftling.

Bullitt verpasst ihm eine Ohrfeige, gleich darauf noch eine, noch heftiger. Mir dreht sich der Magen um. Ich schaue zu, ohne etwas zu sagen. Ein Kollege bringt den Mann in die Zelle zurück. Es ist wieder still. Der Unterbrigadier setzt sich wieder an seinen Platz. Keiner der anderen Kollegen reagiert auf den Vorfall. Ist es hier so normal, einen Häftling zu schlagen? Als unbedarfter Neuling schrecke ich zurück. In meiner Welt sind diese zwei Schläge ins Gesicht ein schockierender Gewaltausbruch. Hier hebt nicht einmal jemand den Kopf.

Wieder auf Posten am Eingang des Reviers werden Radha und ich von einer Dame vom Roten Kreuz angesprochen, die einen ausländischen Jugendlichen mitbringt.

»Er ist 15 und kommt aus Guinea. Können Sie ihm einen Platz im Heim besorgen?«

»Bisschen früh noch. Wir müssen bis heute Abend abwarten, ob noch einer frei ist«, erwidert Radha.

Die beiden gehen ins Revier, lassen sich auf zwei Metallsitzen nieder und warten. Ich frage Radha noch einmal, was die Beschlagnahmungen sind, die er eben erwähnt hat.

»Die Beschlagnahmungen – das heißt, wenn man die ganzen gestohlenen Autos, Fahrräder und Roller nachzählt, die wir beschlagnahmt haben, die aber noch nicht abgeholt worden sind. Das muss die Eingangswache jeden Tag einmal machen, während des Innendienstes. Außerdem müssen wir am Schichtende noch die Papierkörbe leeren.«

Radha erklärt weiter, dass die Überprüfung der sichergestellten Fahrzeuge zu den Aufgaben gehört, die jeden Tag zu erledigen sind, wenn man nicht draußen auf der Straße ist. Als ADS habe ich mehr solcher Aufgaben und daher weniger Dienst draußen als die regulären Wachtmeister.

*

22 Uhr. Ende meiner ersten Schicht. Der Jugendliche, der einen Schlafplatz im Heim wollte, wartet immer noch auf seinem Besucherstuhl. Seine Begleiterin ist gegangen.

»Scheiße, den habe ich vergessen!«, kommentiert Bullitt, nachdem er ein Formular über den Diebstahl eines Mercedes fertig ausgefüllt hat.

Ich unterschreibe im Protokollbuch, dass ich meine Dienstwaffe zurückgegeben habe, und schließe sie wieder in den Waffentresor ein. In der Umkleide ziehe ich die Polizeiuniform aus. Ich habe die Schicht damit verbracht zu beobachten, die Abläufe zu verstehen und mir die Namen der Kollegen einzuprägen, indem ich sie mit einer Eigenschaft verbinde: Bullitt der Reizbare, Radha der Gefängnispförtner …

Und dann sind da die vielen Abkürzungen, mit denen sich

die Kollegen wie in einer Geheimsprache verständigen. Kein Satz ohne VPN, AVP, CJ, STP. Ich werde mir ein Verzeichnis anlegen müssen, um da mitzukommen. Ich fühle mich ausgelaugt, ohne groß etwas geleistet zu haben in meiner Schicht. Wie wird das werden, wenn ich mit auf Streife gehe?

KAPITEL 19

Antreten zum Appell. Die Hände an der Hosennaht, Füße zusammen, stehe ich unbeweglich da. 6:30 Uhr. Zwei Offiziere – Chefbrigadiere – betreten den Appellsaal und verkünden mit lauter Stimme den ungefähr zehn angetreten Flics die Einsätze und Einteilungen für den Tag. Dieses Morgenritual dauert etwa fünf Minuten. Wer aufgerufen wird, muss »Verstanden!« antworten. Wir stehen, in drei Reihen aufgebaut, wie angefroren.

An diesem Dienstag, meinem vierten Tag auf dem Revier, werde ich zum ersten Mal zum Streifendienst eingeteilt.

Ich erfahre, dass ich zur Streife Alpha gehöre. Mit mir im Streifenwagen werden noch fünf Kollegen sitzen: Sylvain – alias Bison, unser Chef –, dann Loïc, Toto, ein Typ mit nordfranzösischem Akzent namens Tacos und eine Polizistin, die ich noch nicht kenne. Von den etwa 30 Flics, aus denen meine Brigade, die J3, besteht, sind kaum je mehr als 20 gleichzeitig auf dem Revier, und von diesen 20 ist nur eine Handvoll spontan auf mich zugegangen und hat sich vorgestellt. Ergebnis: Vorerst bleiben die meisten Kameraden in der Brigade für mich namenlos, ebenso wie die der anderen beiden Tagesbrigaden J1 und J2 sowie die der Nachtbrigade.

Die beiden Chefbrigadiere, die jetzt beim Appell die Aufträge für die Schicht verteilen, erkundigen sich immerhin regelmäßig bei mir, ob ich mich gut einarbeite.

Wir packen Verkehrsleitkegel, kugelsichere Westen – die extraschwere Ausführung – und zwei Schutzschilde in den Mannschaftswagen und fahren los, auf Streife durch die Straßen der Hauptstadt. Hinten spielt Tacos auf seinem Smartphone, sucht sich auf einer Dating-App ein paar Mädels aus, die ihm gefallen, grunzt schließlich ein »Gut« und steckt sein Smartphone weg. Richtung Place Stalingrad, »Stalincrack« für Eingeweihte, Hochburg des Pariser Drogenhandels. Ich habe vor meiner Zeit an der I3P noch nie in Paris gewohnt und kenne den Ort nur dem Namen nach.

Wir steigen aus, teilen uns in zwei Gruppen – später erfahre ich, dass mit dieser Taktik die Dealer in die Zange genommen werden sollen. Ich folge den Kollegen auf eine kleine Brücke, sie ziehen ihre schwarzen Handschuhe an, wir marschieren rasch. Ich versuche mich von ihrem Jagdeifer anstecken zu lassen, aber in Wirklichkeit habe ich Angst.

Als wir uns einem der Hügel am Rand der Place Stalingrad nähern, machen wir im ersten Tageslicht mehrere menschliche Schattenrisse aus. Gespenster, Zombies, dem Crack verfallen, einem Kokainderivat, das für 20 bis 30 Euro pro Piece verkauft wird.

»Der da hinten, das ist ein *modou*, er ist besser angezogen als die anderen.«

Ein *modou*? Was soll das denn sein? Tacos bezeichnet mir mit seinem nordfranzösischen Akzent einen dicken Schwarzen in Cargohosen. Wir rücken vor und nageln ihn fest.

»Was treibst du hier, so früh?«, fragt Tacos ihn.

»Ich gehen Arbeit.«

»Ja klar, bestimmt. Verarsch mich nicht.«

Ich staune, wie sicher mein Kollege sich ist. Für ihn steht fest, dass der Typ dealt. Ich versuche herauszufinden, woran er das erkennt.

Mein Kollege durchsucht den Verdächtigen. Der mutmaßliche Dealer führt kein Crack bei sich, allerdings zwei Mobiltelefone –

ein neues Smartphone und ein altes Klapphandy. In einer anderen Tasche finden sich um die 50 Euro in Ein- und Zweieuromünzen.

»Ich weiß, dass du ein *modou* bist«, droht ihm Tacos. »Heute kann ich dich zwar nicht einsacken, dafür beim nächsten Mal.«

Ich bleibe im Hintergrund. Ein paar Stunden später schaue ich im Internet nach: *modou*, in der Sprache der westafrikanischen Wolof ein Krämer, bedeutet »Crackdealer«. Ich würde Crack nicht mal dann erkennen, wenn ich es in meiner eigenen Tasche fände.

Der Typ schlendert lässig davon. Um uns herum döst nur noch eine Handvoll benebelter Junkies.

»Und Abmarsch, ihr seid hier nicht gerne gesehen!«, ruft Tacos.

Von der anderen Seite des Platzes stoßen die drei anderen Flics wieder zu uns. Keine Vorfälle zu melden, sie haben nur drei Cracksüchtige verscheucht. Die Betreffenden haben ihre mageren Körper mit den eingefallenen Wangen und zu weiten Klamotten ein Stück weiter geschleppt und warten anscheinend, versteckt unter den Bogengängen am Rand des Platzes, nur darauf, dass wir wieder verschwinden.

Wir steigen alle sechs in den TC zurück. TC ist das Funkrufzeichen für die Mannschaftswagen der Polizei. »T, weil alle Rufzeichen so anfangen, und C wie *camion*[14]«, erklärt mir Tacos. Ich sitze im hinteren Abteil auf einem schwarzen ausgeleierten Kunstledersitz.

Neben mir hat Tacos wieder Tinder geöffnet und geht weitere Profile durch.

Wir fahren durch die morgenstillen Straßen des Arrondissements. An einem Dienstag um sieben Uhr früh ist hier nicht viel los.

14 *camion* (frz.): Lastwagen, Transporter. (A. d. Ü.)

Auf Streife sind wir alle mit einem Funkgerät ausgerüstet, das uns auf Kanal 38, der Polizeifrequenz des Arrondissements, miteinander verbindet. Wir schalten es immer nur sporadisch ein, damit der Akku länger reicht. Nur der Streifenführer lässt seins immer eingeschaltet, um erreichbar zu sein. TN19, die Funkzentrale des Arrondissements, kann sich jederzeit mit einem Einsatz für die Streifen melden.

TN19, das Nervenzentrum des Reviers, gibt ihre Anweisungen aus einem Raum im zweiten Stock des Gebäudes durch. Hier überwachen drei Flics in Uniform in Echtzeit auf vier Flachbildschirmen die Straßen des Arrondissements. Sie können zwischen sämtlichen Überwachungskameras in der Stadt hin- und herschalten und auf jedes Gesicht und jedes Fahrzeug zoomen. In diesem Büro laufen auch die telefonischen Notrufe ein, und die Kollegen entscheiden, ob sie eine Streife dorthin schicken.

Im Moment haben wir keinen Einsatz und fahren einfach durch die Straßen. Tacos speichert noch »ein letztes Paar Titten« ab, bevor er sein Smartphone wieder wegsteckt. Die Schilde und orange-weiß gestreifte Verkehrsleitkegel poltern uns um die Füße. Der TC ist ein Schrotthaufen, der von einem gerade noch funktionierenden Motor angetrieben wird. »Und, die Kollegen von der 36 machen von sich reden?«, fragt Tacos.

Am Abend zuvor hat ein ADS im neuen Sitz der Justizverwaltung in der Rue du Bastion an der Porte de Clichy versehentlich eine Wachtmeisterin getötet. Sie haben mit ihren Dienstwaffen Schnellziehen gespielt, und der Hilfspolizist hat seiner Kollegin dabei eine Kugel in den Kopf geschossen.

»Mit solchen Geschichten kommt's noch so weit, dass sie uns die Knarren abnehmen. Und dann herrscht das Chaos«, sagt Tacos voraus. »Die Typen wissen, dass wir die Knarren kaum benutzen dürfen. Aber zumindest schrecken sie ab. Wenn man uns die wegnimmt, gibt's bewaffnete Raubüberfälle ohne Ende!«

Wir halten am Kanalufer, wo sich Migranten auf dem Boden zum Schlafen hingelegt haben, unter Kartons, um sich vor dem Wind zu schützen. Wir steigen aus.

»TN19 für PS Alpha.«

PS Alpha, das ist unsere Streife. Die Leitzentrale hat einen Einsatz für uns.

»PS Alpha hört«, antwortet Bison.

»Es geht um einen Ehestreit. Die Wohnungsnachbarin hat Schreie gehört. Wenn Sie da bitte nachschauen können … Die Adresse ist Rue Barbanègre 36, dritter Stock. Zugangscode für den Eingang lautet 1234.«

»Verstanden, wir machen uns auf den Weg.«

Kurz darauf stehen wir im Treppenhaus und klopfen an die Tür der Wohnung, aus der die Schreie gekommen sein sollen. Eine Frau öffnet uns und erklärt, ihr Exmann habe ihr Mobiltelefon versteckt, er sei bei ihr in der Wohnung und eifersüchtig, weil sie sich mit anderen Männern treffe, und er sei auch die Nacht über bei ihr gewesen. Wir treten ein, vier Kollegen bauen sich um den Mann herum auf. Er schaut uns böse an.

Er lässt sich ohne Widerstand durchsuchen, während die Frau ihn mit Beleidigungen überschüttet. Eingeschüchtert und beeindruckt halte ich mich hinter Tacos. Ich gehe kein Risiko ein. Mein kräftig gebauter Kollege kann bei Bedarf eingreifen. Die Kollegen finden weder am Körper noch in den Sachen des Durchsuchten ein verstecktes Mobiltelefon. Tacos stellt der Frau einige Fragen und findet heraus, dass sie die alleinige Mieterin der Wohnung ist. Er sagt Bison Bescheid.

»Gut, Monsieur, da Ihr Name hier nicht im Mietvertrag steht, bitten wir Sie, die Wohnung jetzt zu verlassen«, erklärt unser Streifenführer.

Der Typ nimmt eine Tasche mit Kleidungsstücken und steigt die drei Treppen mit uns gemeinsam hinunter. Der Mannschaftswagen wendet.

»PS Alpha für TN19«, spricht Bison ins Funkgerät.

»TN19 hört.«

»Wegen der Rue Barbenègre 36 – es gab keine Gewalttätigkeiten zwischen dem Mann und der Frau. Weil der Mietvertrag nur auf die Frau lautet, haben wir den Mann hinausbegleitet. Kein weiterer Handlungsbedarf für uns.«

»Verstanden. Danke, PS Alpha.«

Bison drückt die Pausentaste und dreht sich zu uns um.

»Habt ihr Hunger? Sollen wir eine Pause machen?«

»Na ja, wenn du willst«, erwidert Tacos.

»PS Alpha für TN19.«

»TN19 hört.«

»Anfrage von uns, es geht um eine Whiskey-Charlie-Pause.«

Der Streifenführer bittet also im internationalen Buchstabieralphabet um eine WC-Pause. Das internationale Buchstabieralphabet wird in Frankreich von der Polizei, der Feuerwehr und der Gendarmerie im Funkverkehr benutzt. Meistens gibt man damit Autokennzeichen oder Ausweisnummern durch. Wir mussten es auf der Polizeischule auswendig lernen. Alpha, Bravo, Charlie, Delta, Echo … Ich sage es mir im Kopf vor, bleibe aber bei O stecken. Was war das noch, Oscar? Ich weiß es nicht mehr, einfach vergessen.

»Okay, geht klar«, erwidert ein Flic der Zentrale TN19.

Der Mannschaftswagen fährt in die Garage zurück. Es ist acht Uhr. Bison zückt seine elektronische Zigarette, ich ziehe mein Päckchen Kippen und ein Feuerzeug hervor.

Der Streifenführer gehört zur Gattung der Großmäuler. Er ist in den Vierzigern, 1,70 groß, angegraute Stoppelfrisur und ebenfalls Unterbrigadier. Hinter seinem draufgängerischen Äußeren verbirgt sich ein nervöser Mensch. Bison wollte nie »bricard« werden, die Slangbezeichnung für *brigadier*, den untersten Offiziersdienstgrad bei der Polizei.

»Kein Interesse. Ich bin Polizist, um denen das Leben schwer zu machen, die andere bescheißen. Um die Gesetze kümmere ich mich nicht, die Dealer machen das ja auch nicht. Wenn's drum geht, ein paar Gaunern den Arm zu brechen, kannst du auf mich zählen.«

Bison trägt den Ehrentitel des Brigadeführers, weil er der Dienstälteste unter den Wachtmeistern ist. In seiner Zigarettenpause unterhält er sich mit einem anderen Flic über eine neue elektronische Zigarette, die gerade auf den Markt gekommen ist.

»Bist du der Neue?« Der andere Flic lächelt mir zu. »Ich bin Diego, aber alle nennen mich Mano.«

Später erfahre ich, dass sich der Spitzname auf das Handspieltor des argentinischen Fußballers Diego Maradona von 1986 bezieht, die legendäre »Hand Gottes«. *Mano* ist spanisch für »Hand«.

»Salut. Ich bin Valentin.«

»Bereitest du dich auf den Eingangstest vor?«

Ich habe eine solche Frage schon erwartet, als ich mich für das Polizeirevier beworben habe. 15 Monate Verrückte zu kutschieren, ohne den Eignungstest für die Ausbildung zum regulären Polizisten zu absolvieren, könnte merkwürdig aussehen. Kein ADS will Hilfspolizist bleiben.

»Noch nicht sofort. Ich will erst ein bisschen Erfahrung im Streifendienst sammeln, das Gelände kennenlernen sozusagen.«

»Hier kannst du auf jeden Fall viel lernen«, versichert mir Mano und zieht an seiner Plastikkippe.

Eine weiße Dampfwolke verwirbelt an der Garagendecke.

»Hey, hast du eigentlich schon das GE über Monsieur und Madame geschrieben?«, ruft Bison Tacos zu.

»Ach nein, scheiße. Ich mache mich gleich dran«, erwidert er.

GE steht für *gestion des événements*, also das Ereignisprotokoll, das für jeden Einsatz des Tages geschrieben werden muss. Ich begleite Tacos in eine der Schreibstuben. Auf einem der Rechner ruft er die als MCI – *logiciel de la main courante informatisée* –

bezeichnete Standardsoftware der Polizei auf und tippt einen kurzen und formalisierten Text »zwei Wörter, drei Zeilen« als Zusammenfassung ein.

Eine Dreiviertelstunde später, als wir wieder müßig durch die Stadt gondeln, ruft uns die TN19 wieder zur selben Adresse, Rue Barbenègre 36. Diesmal empfängt uns die Mieterin alleine. Sie erzählt: Der Mann sei in das Haus zurückgekehrt, habe ihre Wohnungstür aufgebrochen und sie geschlagen. Sie möchte auf dem Revier Anzeige erstatten. Wir gehen gemeinsam mit ihr hinunter und durchsuchen die Umgebung, ohne allerdings den Beschuldigten zu finden.

Im Transporter setzt sich die Frau ins hintere Abteil neben mich. Tacos rät ihr, das Schloss an der Wohnungstür auszuwechseln und sich möglichst bei Angehörigen in Sicherheit zu bringen.

»PS Alpha für TN19«, ruft Bison die Zentrale.

»TN19 hört.«

»Ja, wir bringen die Geschädigte mit aufs Revier zur Aufnahme ihrer Anzeige.«

In der Rue Erik-Satie steigt die Frau aus und wartet auf einer der metallenen Besucherbänke, dass ihre Anzeige aufgenommen wird. Wir fahren wieder auf Streife.

»Scheiße, die sind schon lästig mit ihrem Afrikanergetue«, seufzt Tacos mit zusammengebissenen Zähnen.

KAPITEL 20

Ich stecke den orangefarbenen Schlüssel in den Kaffeeautomaten und hole den Becher Abwaschwasser heraus. Heute geht es wieder auf die Straße, diesmal mit der sogenannten ZSP-Streife. ZSP steht für *zone de sécurité prioritaire*, also den »besonders gesicherter Bereich«. Die ZSP-Streife des 19. Arrondissements wurde 2012 eingerichtet, um den Crackhandel und den Straßenraub im Gebiet zwischen der Place Stalingrad und der Rue Riquet zu bekämpfen. Inzwischen wird die ZSP-Streife aber für beliebige Einsätze in jedem Viertel des Arrondissements herangezogen. Unser Fahrer heißt Xavier, Bison ist wieder Streifenführer. Die schwere kugelsichere Weste erdrückt mich fast. Ich treffe Bison und Mano in der Garage.

»Steph will, dass wir Kontrollen durchführen«, erklärt Bison dem Kollegen. »Wir verteilen TAs in einer Bastardstraße.«

Ich verstehe langsam, dass mit »Bastard« allgemein ein junger Mann, meistens ein Schwarzer oder Araber, gemeint ist, manchmal mit Migrationshintergrund. Steph ist einer der Chefbrigadiere. TAs, erklärt mir Mano, als ich fragend die Augenbrauen hebe, sind *timbres-amendes*, also Strafzettel. Knöllchen.

Meistens, so Mano weiter, schreibt man das Nummernschild eines Autos auf, das in der zweiten Reihe oder in einer Anlieferzone geparkt ist, und meldet den Falschparker über einen besonderen Polizeicomputer.

»Wenn du tust, was der Chef von dir verlangt, kriegst du leichter, was du willst. Einen Tag Sonderurlaub zum Beispiel«, fügt Bison hinzu.

Ich wusste gar nicht, dass Flics auch Strafzettel an Falschparker verteilen. Ich dachte immer, das macht das Ordnungsamt, also die Politessen, oder, offiziell ausgedrückt, die ASVP, *Agents de surveillance de la voie publique* (»Beamte zur Überwachung der Verkehrssicherheit«).

Im Aufenthaltsraum marschiert Bullitt rasch und aufgeregt hin und her.

»Wir gehen auf die Jagd! Das Blut ruft das Blut!«

»Wird denn Druck ausgeübt, dass wir möglichst viele Strafzettel verteilen?«, frage ich.

»Ganz genau. Die Chefs können ja feststellen, wie viele Knöllchen jeder im Monat verteilt. Aber mehr Geld kriegst du deswegen nicht! Sonst würde ich mich schon ranhalten! Trotzdem sollen wir was für die Statistik tun. Mads, TAs …«

Mad, kurz für *mise à disposition*, also »Zuführung«, heißt, dass man jemanden zum Verhör mitnimmt. Ich habe die Kollegen sogar schon *maden* als Verb gebrauchen hören. Bison fällt ein:

»Die gehen einem wirklich auf die Nerven mit ihren Statistiken. Ich bin ein Flic alter Schule. Heutzutage muss man einen Jugendlichen, wenn man ihn hochnimmt, gleich mitnehmen. Nur dass er sich nachher dann vor den anderen damit brüstet, dass er schon in U-Haft war. Was ich mache, ist, dass ich den Typen ein paar runterhaue, wenn ich was Verbotenes bei ihnen finde. Eine Ohrfeige vor den Kumpels, das ist ihnen peinlich.«

Bison erzählt mir, dass er, bevor er Flic bei der Schutzpolizei wurde, bei der Gemeindepolizei von Pontoise, einem Vorort von Paris, gearbeitet hat und dann bei verschiedenen Dienststellen der nationalen Polizei. Erst Fahrradpolizist, dann bei der Streife, dann bei weiteren Dienststellen. Er ist voller Unrast, weiß nicht wirklich, was er will.

»In Pontoise und in Paris sind wir auf die Parkplätze gegangen, oder wir haben von den Leuten verlangt, dass sie uns in den Hausflur lassen, und dann haben wir den Typen so richtig die Fresse poliert«, prahlt er.

»Aber verhört hast du sie nicht?«

»Nein. Ach was. Wenn du einem die Fresse polierst, darfst du ihn nicht mehr in die Zentrale mitnehmen. Wenn der Typ zum Arzt geht, bist du am Arsch. In der Rue de Meaux 19 zum Beispiel haben wir sie regelrecht massakriert, weißt du. Heute ist es umgekehrt, die haben keine Angst mehr. Früher haben sie Schiss gekriegt, wenn wir kamen.«

Ich versuche seiner Schilderung zu folgen: junge Männer vorschriftswidrig zusammenschlagen, um sie zu terrorisieren. Er zieht das Smartphone aus der Tasche und zeigt mir ein Video.

»Hier, da habe ich auf einen Bastard geschossen, der auf mich losgegangen ist.«

Der Film zeigt, wie ein Typ ohne Helm auf einem Motorroller auf meinen Kollegen zurast. Und ich höre einen Knall. Bison hat nur einmal geschossen. Das genügte, um den Rollerfahrer zu verletzen. Am Schluss des Videos liegt der Roller umgestürzt, der Fahrer wälzt sich am Boden. Ich bekomme große Augen. Bison erzählt, wie es weiterging. Der junge Mann war schwer verletzt, Bison wurde vor die IGPN[15] geladen, die Polizei der Polizisten. Er musste seinen Einsatz der Dienstwaffe in mehreren Anhörungen rechtfertigen. Am Ende hat die IGPN aber auf Notwehr erkannt, Bison habe richtig gehandelt und der Waffeneinsatz sei gerechtfertigt gewesen.

»Wann war das?«, frage ich.

»2008.«

15 *Inspection générale de la police nationale* (»Hauptinspektion der nationalen Polizei« für interne Ermittlungen).

Wie kommt es, dass Bison über zehn Jahre später immer noch dieses Video auf seinem Smartphone hat und es mir vorführt, als seien es die ersten Schritte seines Kleinen? Er hat noch mehr zu sagen.

»Wenn du nicht fähig bist, dich zu wehren oder auch mal zuzulangen, und zwar jederzeit, dann brauchst du gar nicht erst anzufangen als Polizist«, meint mein Kollege.

Ich bin einer von denen, die nicht fähig sind, »auch mal zuzulangen«. Das letzte Mal, als ich in eine körperliche Auseinandersetzung geraten bin, habe ich nur Schläge eingesteckt, keine ausgeteilt, und das war vor fünf Jahren. Ich kam betrunken aus einer Bar und bin auf ein Autodach geklettert. Drei Typen haben mir ein paar reingehauen und mir das Portemonnaie und mein Mobiltelefon geklaut. Das war's.

Ich hüte mich, Bison davon zu erzählen, und noch weniger erzähle ich, dass ich seit diesem Vorfall renne wie ein Hase, wenn ich merke, dass Prügel in der Luft liegen.

KAPITEL 21

Ich muss mal aufs Klo!«, ruft einer der Gewahrsamshäftlinge.

»Komme!«

Ich hole den Schlüsselbund von der Pritsche und gehe den U-Häftling auf die Toilette begleiten. Heute bin ich Xavier als Assistent bei der Zellenwache zugeteilt. Xavier sitzt schweigend über seinem Papierkram. Er ist ein alter Soldat, sonst weiß ich nichts über ihn.

Der U-Häftling, ein ziemlich ruhiger Typ, sitzt in C2, der zweiten Zelle. Die Sohlen meiner Einsatzstiefel knallen auf dem Fußboden des Gangs. Heftiger Gestank nach Pisse steigt mir in die Nase.

Ich drehe den großen goldfarbenen Schlüssel im Schloss und schiebe die beiden Riegel der Metalltür zurück. Außer dem Typen, der aufs Klo muss, sitzen noch fünf Minderjährige in der Zelle. Sie schlafen noch. Drei haben das Glück, sich zwei Matratzen mit orangefarbenem Bezug teilen zu können, die beiden anderen liegen aus Platzmangel zusammengekrümmt auf der Sitzbank aus Beton.

»Das Scheißhaus ist ganz hinten rechts«, sage ich dem Mann mit ruhiger Stimme.

Im Erdgeschoss gibt es drei Zellen für Gewahrsamshäftlinge, die jeweils sechs Personen fassen, dazu zwei Ausnüchterungszellen.

Als der Typ von der Toilette zurückkommt, fragt er mich:

»Wie viel Uhr ist es?«

»Fünf nach sieben.«

»Wann gibt's Frühstück?«

»Weiß nicht, ich frage nach.«

Er kehrt in seine Zelle zurück, ich schiebe hinter ihm die beiden Riegel vor.

»Xav', wann gibt's denn Frühstück?«

»Wenn alle wach sind, so um halb neun oder neun normalerweise.«

»Und wo ist das Essen?«

»Tetrapaks mit Saft und Schokoriegel. In der Durchsuchungszelle, im unteren Schrank.«

Er füllt weiter seine Formulare aus, ich setze mich wieder hinter die Pritsche und beobachte den Bildschirm, der mir Bilder aus den Zellen zeigt. Weiße unbewegliche Gestalten auf schwarzem Grund sagen mir, dass noch alles schläft. Es ist ruhig. Sogar Bullitt, Chef vom Dienst im Aufenthaltsraum, ist still.

Eine Streife, die darauf wartet, dass sie ihren Wagen bekommt – die Garage öffnet erst um acht –, gesellt sich zu uns. Ein paar trinken Kaffee mit uns, die anderen schauen sich, um die Pritsche versammelt, Pornos an, um sich die Zeit zu vertreiben.

Ein bisschen abseits sitzt ein Flic mit brünettem Hipsterbart und sucht im Internet nach einer Wohnung. Er hat sich gerade von seiner Freundin getrennt. Er will nicht mehr in Paris wohnen und ruft Angebote in den Départements 93 und 94 auf. Die anderen soufflieren ihm Ortsnamen, die ich noch nie gehört habe, weit draußen vor Paris.

»Zieh doch in meine Gegend, Ludo«, meint eine Kollegin lächelnd zu ihm. »Wunderschön da, du wirst sehen. Nichts als alte Leute!«

In den Zellen beginnen sich die Insassen zu regen. Es wird unruhig. Ein paar wollen aufs Klo. Andere verlangen Frühstück.

Ich setze mich in den Gang und regele das Kommen und Gehen zwischen den Zellentüren und den Klos, während Xavier die Frühstücksportionen austeilt. Meine Aufgaben als Zellenwärter gleichen eher denen eines Hoteliers, vielmehr eines Hotelpagen.

»Hilf mir mal ein bisschen, wir müssen die Matratzen einsammeln«, fordert mich Xavier auf.

Wir traben rasch in den Zellengang zurück, die drei Türen immer im Blick.

»Auf, raus mit den Matratzen und dem Bettzeug!«, ruft mein Kollege in die Zellen.

Einige Insassen fangen an zu maulen.

»Gestern durften wir sie behalten, M'sieur, bitte seien Sie doch nett zu uns!«

»Gestern ist vorbei. Um neun Uhr werden die Matratzen eingesammelt, das ist Vorschrift.«

»Wir sind keine Hunde, wir können doch nicht auf dem Boden schlafen.«

»Ihr könnt euch auf die Bänke setzen. Und wenn ihr eine Matratze wollt, ein richtiges Bett, dann stellt halt keinen Scheiß an.«

Sie protestieren. In der ersten Zelle bleibt ein Insasse ausgestreckt auf seinem rosa bezogenen Strohsack liegen und will ihn nicht hergeben. Xavier packt ihn und schleudert ihn mehrere Meter weit bis zur Zellentür. Der Gewahrsamshäftling springt auf, nimmt eine drohende Haltung an. Xavier packt ihn um den Hals, dreht ihm den Arm auf den Rücken und drückt ihn gegen die Wand. In einem Panikreflex schiebe ich die Zellentür mit dem Fuß zu, um zu vermeiden, dass die anderen Insassen womöglich einen Aufstand versuchen.

Andere Flics kommen im Laufschritt zu Hilfe, Bullitt voran. Er schnappt sich den Typen und schleppt ihn in die Durchsuchungszelle. Der Häftling wehrt sich nicht mehr. Bullitt zieht seinen Teleskopschlagstock und schaut ihm geradewegs in die Augen, bereit zuzuschlagen.

»Reicht das? Hast du kapiert? Ich will nichts hören. Halt die Klappe.«

Der Mann fügt sich. Bullitt bringt ihn in seine Zelle zurück und brüllt mit Donnerstimme den Flur entlang.

»Die Matratzen werden eingesammelt, hier ist nämlich kein Hotel!«

In den Zellen regt sich nichts mehr. Xavier und ich gehen wieder auf unsere Posten. Ein Flic in Zivil kommt zu uns.

»Ich wollte drei der Minderjährigen abholen. Es ist Vorschrift, dass sie per Videokonferenz angehört werden. Einer von Ihnen müsste mich in den dritten Stock begleiten. Sicherheitsmaßnahme. Ein einzelner Flic mit drei ungefesselten Typen in den Büroetagen, das geht nicht.«

Ich übernehme die Begleitung. Im dritten Stock warten wir auf den Staatsanwalt. Die beiden Minderjährigen unterhalten sich, sie sind 15 oder 16 Jahre alt. Einer wendet sich zu mir, ein leichtes Lächeln unter den blondgefärbten Haarsträhnen.

»M'sieur, warum machen Sie diesen Job?«

Ich antworte nicht, die beiden anderen platzen vor Lachen. Bei einem sieht man eine Zahnspange. Der Blondgefärbte produziert sich weiter vor seinen Kumpels.

»M'sieur, vielleicht, weil Sie in der ersten Klasse sitzengeblieben sind?«

Die beiden anderen lachen laut los.

»*Wallah*, schmeiß dich nich' so an den ran«, rät ihm einer.

Ich reagiere immer noch nicht. Der Zivilpolizist holt uns gereizt ins Büro. Wir warten seit mindestens 20 Minuten auf den Staatsanwalt.

»Wollt ihr etwa jammern und heulen? Wollt ihr behaupten, dass die Polizisten böse zu euch waren, oder wie?«, regt sich der Zivilpolizist auf.

»Mich haben sie geschlagen. Ich könnte mich beschweren«, wagt der Erste zu erwidern.

»Als sie mich mitgenommen haben, haben sie mich Bamboula genannt«, sagt ein Zweiter. »Ich bin schockiert.«

Ich gehe aus dem Zimmer und warte draußen. Nach weiteren 20 Minuten kommen die drei Halbstarken wieder heraus. Der Staatsanwalt hat entschieden, sie vorladen zu lassen. Eine Streife wird sie für eine Schnellanhörung ans Gericht fahren. Sie lachen immer noch und wirken nicht beunruhigt. Vorerst werden sie in ihre Zelle zurückgebracht.

Ich nutze die Gelegenheit, mir ihre Habseligkeiten anzuschauen, die in einem doppelt verschlossenen Panzerschrank verwahrt werden. In den Taschen finde ich Aktenordner und Schulbücher. Einer ist auf dem Collège, die beiden anderen in der Oberstufe.

Allmählich leeren sich die Zellen. Bis eine Streife vom »Maden« zurückkommt. Ein Minderjähriger aus Algerien ist dabei erwischt worden, wie er einer Mutter, die mit ihren beiden Kindern die Straße entlangging, das Mobiltelefon gestohlen hat. Toto kettet den Übeltäter mit seinen großen Händen an die Wartebank. Als Bullitt den Grund erfährt, warum er mitgenommen wurde, stürzt er sich auf ihn.

»Von deiner Sorte habe ich den Arsch gestrichen voll!«

Er verpasst ihm eine wuchtige Ohrfeige. Der Jugendliche blickt böse drein und reibt sich die Wange.

»Typen wie du sollten allesamt krepieren!« Bullitt schlägt ihn noch einmal, vor den Augen der anderen Flics. Wie schon zuvor bei solchen Vorfällen protestiert niemand.

»Der ist nämlich auf jeden Fall morgen früh wieder draußen«, knurrt der Chef vom Dienst. »Das geht immer so! Wir schleppen die vielleicht 20-mal im Monat hierher, aber sie werden nie verurteilt. Sind ja schließlich Opfer der Gesellschaft, diese Früchtchen.«

KAPITEL 22

An diesem Morgen schaue ich mir vor dem Appell die jugendlichen Gesichter meiner Kollegen an. Vier der anwesenden Flics haben ganz offensichtlich einen Migrationshintergrund, zwei Schwarze, zwei Araber. Alle anderen sind Weiße wie ich. Auf der Polizeischule waren alle ADS meiner Abteilung Weiße, hier sind wir in der überwältigenden Mehrheit.

Hinten im Saal huscht ein Kollege auf Zehenspitzen herein, gerade noch rechtzeitig. Ein cooler Typ. Er ist mir in den vergangenen Tagen schon ein paarmal aufgefallen. Die Ruhe, die er ausstrahlt, wirkt beeindruckend, ich würde ihn gerne kennenlernen. Bisher konnte ich allerdings noch nicht länger mit ihm sprechen; er ist sehr zurückhaltend, nicht gerade gesellig.

Er heißt Stan. Einmal hat er mich angesprochen, als ich mit Xavier die Aufsicht über die Gewahrsamshäftlinge hatte. Seine Streife hatte eine Jugendliche mit aufs Revier gebracht, die Opfer familiärer Gewalt geworden war. Stan bestand darauf, dass wir ihr etwas zu essen gaben. Es war nur das Zeug da, das auch die Zelleninsassen bekamen; sie bekam zwei trockene Riegel und einen Tetrapak Orangensaft.

»Wenigstens hat sie etwas gegessen«, meinte er und schaute mich mit seinen Eulenaugen an, die zu groß für sein feingezeichnetes Gesicht sind.

Kaum ist der Appell beendet, nehme ich die Dienstmütze ab und schiebe sie in die Tasche.

Ich beobachte Stan. Er grüßt nicht alle Kollegen. Verschlossenes, ernstes Gesicht, kurze Haare, Seitenscheitel links. Ich gehe auf ihn zu, strecke ihm die Hand hin.

»Salut, wie geht's?«

Er schüttelt mir die Hand, murmelt ein paar Worte und verschwindet.

KAPITEL 23

Der Opa ist ungefähr 70. Er sitzt auf seinem Bett und ist tot. Er hat keine Zeit mehr gehabt, aufzustehen oder seinen linken Schuh anzuziehen. Sein Herz hat zu schlagen aufgehört, und er ist einfach sitzen geblieben, vollständig angezogen, den Kopf gegen das Holz des Bettgestells gesunken. Ich bleibe auf der Türschwelle stehen und nehme den Anblick in mich auf. Mund und Augen des Toten stehen weit offen. Benjamin, Fanny, Ludo mit dem brünetten Bart, Sabrina und ich sind gerade angekommen.

Der Mann war alleinstehend. Seine Putzfrau hat Alarm geschlagen, als sie die Tür von innen verschlossen vorfand. Die Feuerwehr hat die Glastür des Wohnzimmers aufgestemmt. Als sie die Leiche fand, hat sie uns gerufen. Diese Einsätze heißen »Delta-Charlie-Delta« für DCD. Das klingt wie *décédé*, ein »Verstorbener« auf Französisch.

Die Wohnung ist sauber und aufgeräumt. Zwei Katzen verstecken sich hinter den Vorhängen des Zimmers. Benjamin, unser Streifenführer, spricht ins Funkgerät.

»... auf dem Bett sitzend verstorben. Alter um die 70, wahrscheinlich Gesundheitsprobleme. Neben dem Sofa stehen Medikamente. Wofür die sind, steht noch nicht fest.«

Der erste Reflex ist, den Toten zu identifizieren. Wir durchsuchen die Wohnung. Vor dem Sofa finde ich seinen Ausweis, reiche ihn Benjamin.

»70 kommt hin, er ist 71. Auf jeden Fall isst er gerne gut. Schweinebraten, Sauerkraut, Kutteln, Hackbraten, Schinken, Schinken-Käse-Sandwich, Weißbrot, Püree«, berichtet der Streifenführer, der auch einen Blick in die Küche geworfen hat.

Wir bleiben einige Minuten vor dem leblosen Körper des Alten stehen. Wir betrachten ihn. Wir geben unsere Kommentare ab.

»Der steht wirklich gut im Fleisch, hat einiges zuzusetzen«, meint Sabrina ironisch.

»Die Finger werden schon ein bisschen schwarz«, fällt Ludo auf.

»Wenn seine Familie schon eine Woche nichts mehr von ihm gehört hat, kümmert sie sich ja nicht gerade rührend um ihn.«

Fanny überlegt, ob die Katzen wohl angefangen hätten, die Leiche zu fressen, wenn der Tote nicht rechtzeitig gefunden worden wäre. Das ist der Anlass für die Kollegen, ihre gruseligsten Leichenfunde zu schildern. Ein Ertrunkener, ein Erhängter, einer, der auf dem Klo gestorben ist.

Benjamin ist auf medizinische Unterlagen gestoßen, er geht wieder auf Sendung.

»Der Verstorbene litt an krankhafter Fettleibigkeit, einer Lungenembolie, einer Herzinsuffizienz und der Gicht.«

»Musste ja so kommen. Im Grunde nur gut, dass er die Krankenkasse jetzt nicht noch mehr Geld kostet«, blafft Ludo.

Der Kriminalbeamte, der den Fall aufnehmen soll, trifft eine Stunde nach uns ein. Er macht ein paar Aufnahmen, zeichnet eine Skizze des Fundorts und notiert eine Beschreibung der Leiche. Zweifel an der Todesursache bestehen keine. Natürlicher Tod, ganz banal.

Wir drücken uns noch weitere zwei Stunden vor Ort herum, bis gegen halb sieben die Leute des Bestatters kommen und die Leiche abholen. Es sind drei Mann; resolut packen sie die sterblichen Überreste des alten Herrn in einen großen Plastiksack.

»Ich würde sagen, nicht ganz so aufregend wie bei *CSI* oder *Navy CIS*«, lautet Benjamins abschließender Kommentar.

KAPITEL 24

Heute sitze ich zum ersten Mal am Steuer eines Streifenwagens. Ich habe zwar meinen Führerschein schon zehn Jahre, bin aber trotzdem nervös. Was werden die Kollegen von meinen Fahrkünsten halten? Was, wenn ich nicht richtig einparke oder gar einen Unfall baue?

Ich bin der Fahrer des Majors, des ranghöchsten Polizeioffiziers unserer Brigade. Er heißt Serge Pommier, aber alle nennen ihn nur den Major. Serge ist 49 Jahre alt und hat ständig Rückenschmerzen. Er schleppt sich eher dahin, anstatt normal zu laufen, das Koppel hängt immer schief. Er ist seit 25 Jahren Flic im 19. Arrondissement und sagt von sich, er sei ein unbelehrbarer Single. »Mich will sowieso keine Frau haben, ich bin viel zu stur«, meint er oft.

Die Feuerwehr hat eine Wohnungstür aufbrechen müssen, um eine immobile Frau ins Krankenhaus zu bringen. Jetzt muss jemand aufpassen – und zwar wir –, dass niemand in die offen stehende Wohnung eindringt, bis der Schlüsseldienst kommt und ein neues Schloss einbaut.

Ich fahre den E-Golf in die Rue d'Aubervilliers. Ich bleibe im Wagen sitzen, um zu verhindern, dass er von Vandalen attackiert wird.

Der Major hat seinen Papierkram auf der Ablage des Armaturenbretts liegenlassen. Ich werfe einen Blick in die Formulare, um mir die Zeit zu vertreiben. Es sind Strafzettel für unerlaubten Straßenhandel, schon fertig ausgefüllt. In den Vordrucken heißt es: »Unerlaubter Straßenhandel bezeichnet das ungenehmigte Anbieten, Feilhalten oder öffentliche Auslegen von Waren oder jede andere Tätigkeit im öffentlichen Raum, die gegen die relevanten Vorschriften für den betreffenden Bereich verstößt.« Paragraph 51 des Gesetzes vom März 2011 stellt weiter fest, dass diese Verkaufstätigkeit mit sechs Monaten Haft und 3750 Euro Bußgeld bestraft wird. »Natürliche Personen, die sich dieser Straftat schuldig machen, unterliegen außerdem folgenden Zusatzstrafen: der Beschlagnahmung und Vernichtung der Sache, die zur Begehung des Verstoßes gedient hat oder dienen sollte.«

Als die aufgebrochene Wohnungstür ihr neues Schloss hat, kommen die Kollegen wieder zu mir in den Streifenwagen. Der Kampf gegen den illegalen Straßenhandel beginnt. Der Major weiß, wo man diese Händler findet, die überall im 19. verteilt sind: um die Märkte von Belleville und Joinville herum, in der Rue Curial, der Rue Mathis oder auch an der Straßenbahnhaltestelle Richtung Porte de la Villette. Hier soll ich zum ersten Mal anhalten.

Kaum eine Minute nachdem der Major aus dem Golf ausgestiegen ist, hat er schon den Ersten aufgestöbert.

»Alim, ich habe dir doch gesagt, du sollst verschwinden. Nächstes Mal nehme ich dich mit«, erklärt er einem Bengalen, einem seiner »Dauerkunden«, der geröstete Erdnüsse verkauft. Dann beschlagnahmt er die Säcke mit den Erdnüssen und die Kochplatte, die zum Rösten dient. Ludo mit dem brünetten Bart sammelt alles ein.

»Schon peinlich, das hier so vor den Leuten zu machen«, meint er, ein bisschen missmutig.

»Ich mache das nur, um den Schmuggel zu bekämpfen«, rechtfertigt sich der Major.

Wir steigen wieder ein. Wir fahren kaum einige Sekunden, ich hatte gerade Zeit zum Abbiegen, da lässt mich der Major schon wieder anhalten. Dieses Mal steigt er alleine aus und stellt einen indischen Obst- und Gemüseverkäufer zur Rede. Ludo geht lieber hinterher, nur für alle Fälle. Ein Flic sollte in der Öffentlichkeit nie alleine auftreten.

In den Obstkisten liegen Klementinen, Melonen und Bananen. Vier Kisten voll, die jetzt unseren Kofferraum füllen.

»Ehrlich gesagt – diese Leute tun doch nichts Böses«, sage ich zum Major.

»Du verstehst nicht, worum es geht. Die Verkäufer auf dem Markt zahlen für ihren Standplatz. Die Illegalen hier dagegen bezahlen weder Standgebühr noch Gewerbesteuer, sondern kassieren noch Arbeitslosengeld. Die Markthändler, die morgens um vier aufstehen müssen, um über die Runden zu kommen, sind ziemlich schlecht zu sprechen auf solche Konkurrenz.«

Ich zeige meine Einsicht mit einem Kopfnicken.

»Nur deswegen machen wir das. Und außerdem haben die alle sowieso keine Aufenthaltserlaubnis!«

Wir kehren aufs Revier zurück, um unsere Beute abzuladen. Theoretisch müssen wir die beschlagnahmten Waren vernichten. In der Praxis stehen die Kisten mit dem Obst und Gemüse oft auf den großen Müllcontainern in der Garage, und wer von den Kollegen mag, kann sich bedienen. Manche nehmen sich davon, andere lassen es lieber, denn »wer weiß, wo das Zeug schon überall gewesen ist«. Manchmal stellen wir auch Zigaretten sicher. Am Monatsende, wenn mein Konto leer ist, nehme ich mir ein oder zwei Päckchen gefälschter Kippen. Das ist natürlich verboten, aber umsonst. Auch manche Kollegen, die in den roten Zahlen sind, rauchen diese Kippen, die fürchterlich schmecken.

Wo ist der Major abgeblieben? Niemand weiß es, also stehen wir vor der Reviertür herum. Ein Kollege von der Eingangswache, ein Flic in der Probezeit, will von Ludo wissen:

»Was habt ihr eigentlich den ganzen Morgen gemacht?«

Ludo tut so, als überlege er angestrengt, und meint dann: »Also … Zuerst haben wir illegale Händler verjagt … Wir haben illegale Händler verjagt, und dann, glaube ich, haben wir noch mehr illegale Händler verjagt.«

Er lacht und lässt seinen Tonfa-Schlagstock[16] durch die Luft wirbeln.

Der Major taucht wieder auf, das Polohemd schief in den Hosenbund gestopft.

»Ich war auf Vétipol. Was für ein Umstand, sich ein Paar Latschen zu bestellen.«

Ich fasse zusammen: Wir haben untätig vor dem Revier herumgestanden, damit der Major sich auf der Internetseite des Ausstatters für Polizeibekleidung neue Schuhe kaufen konnte.

Wir ziehen wieder los, und es scheint, als sei der Major entschlossen, die Jagd auf die Straßenhändler fortzusetzen. Zehn Minuten später stöbern wir einen weiteren Bengalen auf. Er verkauft Pfefferminzblätter am Rand eines Markts. Der Major verlangt die Händlerlizenz des Migranten. Er hat keine bei sich. Bei der Kontrolle stellt sich heraus, dass der Bengale im Fijais[17] gespeichert ist, einer Datenbank für Sexualstraftäter. Im Internetauftritt der französischen Behörden heißt es, diese Datenbank »erfasst volljährige und minderjährige Personen«, die wegen entsprechender Delikte verurteilt seien. Der Bengale wird infolge seiner Verurteilung einmal jährlich vorgeladen.

»Da musst du ja ganz schön was angestellt haben, oder? Alter Perversling!«, hält ihm der Major entgegen.

Der Bengale antwortet nicht, obwohl er durchaus zu verstehen scheint. Der Major erklärt ihm den Sachverhalt und wendet sich dann an mich.

16 Schlagstock mit rechtwinklig abstehendem Aufsatz, Ausrüstungsgegenstand bestimmter Polizisten.

17 Abkürzung für *Fichier judiciaire automatisé des auteurs d'infractions sexuelles ou violentes* (»Polizeiliche Datenbank für Sexual- und Gewaltstraftäter«).

»Pack das Zeug ein.«

Ich mache mich daran, die vier Obstkisten mit Pfefferminzblättern im Kofferraum zu verstauen. Der Bengale verzieht sich, den Strafzettel in der Tasche. Ich wundere mich.

»Ist das nicht ein Illegaler?«, frage ich.

»Schon. Aber er wird nicht abgeschoben. Wer noch ein Verfahren gegen sich laufen hat, kann nicht ausgewiesen werden.«

»Er ist wegen sexueller Gewalt verurteilt?«

»Ja, schon. Er gehörte anscheinend zu einem Zuhälterring. Die sind zu allem fähig, diese kleinen Bastarde.«

Der Major freut sich. »Prima, eine Mad mehr.«

Das also ist der Grund für diese Flut an Strafzetteln. Jeder Einzelne ist ein polizeiliches Eingreifen. Jedes Mal, wenn wir einen illegalen Straßenhändler vertreiben und seine Waren beschlagnahmen, ist das ein Punkt mehr für die Statistik der Brigade.

»Major, wie viele Mad haben wir pro Monat?«, frage ich ihn.

»Keine Ahnung, kommt drauf an. Insgesamt so um die 75.«

»Wie läuft das, gibt es eine Mindestzahl, die man erreichen muss?«

»Ach was, es dürfen nur nicht zu wenige sein. Aber nein, eine Mindestzahl gibt's nicht …«

»Aber wir sind schon im Wettbewerb mit den anderen Brigaden.«

»Klar, das schon.«

»Und liegen wir im Vergleich mit den anderen Brigaden des Reviers zurück?«

»Nein. Wir liegen vorne.«

KAPITEL 25

Ich ziehe mich vor dem halb offenen Spind um, bereit, in die Anonymität abzutauchen. Das Polohemd fliegt auf den Boden des Spindschranks. In kaum drei Monaten habe ich es geschafft, darin ein erschreckendes Chaos anzurichten, einen Wust zerknüllter Klamotten. Mit der kugelsicheren Weste bin ich etwas vorsichtiger und hänge sie an einen Haken. Wenige Spinde rechts von mir wirft Loïc sein Koppel und die Schuhe ab.

»Heute Vormittag haben wir nichts zustande gebracht. Nur die Alpha hat welche geschnappt.«

»Ja, ich hab was über Funk gehört. Was war da los?«

»Sie haben ein paar Jungs in einem Auto kontrolliert. Die hatten einen Säbel dabei, eine lange Machete. Außerdem hatten sie ein Messer, ein Nageleisen, eine Balaclavamaske und den Überzug einer kugelsicheren Weste. Da haben sie die richtigen Bastarde erwischt!«

Die fraglichen Bastarde wurden vorläufig festgenommen. Wieder eine Mad mehr.

»Wir haben gar nichts geschafft«, bestätige ich. »Außer zwei, drei Pennern und Junkies war nichts zu holen.«

Meine Kollegen mögen solche undankbaren Einsätze nicht. Auch ich finde langsam, sie sind kleinlich, langweilig, Aufgaben für »Schupos«. Flic wird man nicht wegen solcher Kleinigkeiten, sondern wegen der Einsätze, die das Adrenalin hochtreiben: Verbrecherjagden, Verkehrskontrollen.

»Bist du schon lange hier?«, frage ich den Kollegen.

»Bloß ein paar Monate, ich bin in der Probezeit.«

Ich hatte nicht auf das Dienstgradabzeichen geachtet, den einfachen Streifen, der besagt, dass er noch kein regulärer Wachtmeister, sondern bloß ein *bitos* ist, eine *monosardine*, wie die Altgedienten sagen. Nach einem Jahr Dienstzeit erhält er den zweiten Streifen und ist richtiger Polizist.

»Wo hast du vorher gearbeitet?«

»Ich war bei Sephora.«

»Diese Parfümerien?«

»Ja, genau. Aber ich hatte diesen Job satt, ich wollte mich schon lange hier bewerben.«

Ich verlasse das Polizeirevier, stülpe den Kopfhörer über und drehe die Musik auf. »La nuit je mens« von Alain Bashung. Von der Haltestelle Ourcq brauche ich mit der Linie 5 ungefähr eine Dreiviertelstunde bis nach Hause. Die Metro bringt mich bis zur Station Château de Vincennes, dann noch sieben Minuten Fußweg bis zum Supermarkt. In den Gängen von Franprix fülle ich meine rote Einkaufstasche mit allem, was in der französischen Küche als Junkfood gilt: Bockwürstchen, Cordon bleu, Chips, Cola, Tagadaerdbeeren als Nachtisch. Zum Abschluss des Menüs sind Kippen und Kaffee vorgesehen.

Es ist 15:30 Uhr, als ich meine Wohnungstür aufschließe. Ich lasse mich in meinen Kunstledersessel fallen. Jede Undercoverreportage ist eine Prüfung für mein Durchhaltevermögen. Ich habe noch viel Zeit vor mir. Vom geplanten halben Jahr bei der Polizei sind noch vier Monate übrig.

Im Moment habe ich nur während der Schicht Kontakt zu den Kollegen. Es fällt mir schwer, mich ihrer Welt anzupassen. Bei meinen früheren Undercovereinsätzen konnte ich mich immer mit Fachsimpeleien über Fußball integrieren. Hier interessieren sich die Jungs kaum dafür. »Ein Sport für Schwuchteln, die spielen einem doch nur was vor, ohne Körperkontakt«, hat mir Diego-Mano entgegengehalten, als ich das Thema aufbrachte. Stattdessen reden sie über *The Walking Dead*, eine Serie, die ich nie gesehen habe, und über Autos, und damit kenne ich mich erst recht nicht aus.

Während die Bockwürstchen in der Mikrowelle schmoren und ich warte, bis ich sie in Senf ertränken kann, betrachte ich den Kalender, der mit Haftstreifen über dem Schreibtisch an die Wand geklebt ist, mit meinen Schichten und freien Tagen darauf. Urlaub will ich im Moment keinen nehmen, aus Angst, genau an dem Tag nicht da zu sein, wenn etwas Wichtiges passiert. Die Flics der Pariser *Police Secours* arbeiten in einem 4-2-Rhythmus, also immer vier Tage Schicht, dann zwei Tage frei. Das nennt sich Zyklus. Es folgt immer ein Zyklus mit Vormittags- auf einen mit Nachmittagsschichten.

Zu meinen Cordon bleus schaue ich mir Fußballvideos an. Am liebsten würde ich alles hinschmeißen und ein Nickerchen machen, aber ich muss noch die täglichen zwei Stunden Nachbereitung erledigen und aufschreiben, was ich heute erlebt habe.

Am Bildschirm meines Rechners wickele ich den Faden des Vormittags ab und wieder auf. Vor allem die blöden Obdachlosen, dann ein Nachbarschaftsstreit wegen ruhestörenden Lärms. Bison hat uns in einen Fetischsexshop geschleppt, um eine Karte für ein Konzert zu kaufen, das der Pächter organisiert. Während ich in Uniform zwischen den Peitschen, Latexkostümen und Dildos herumspazierte, unterhielt er sich mit dem Pächter.

Dann wollte Bison unbedingt Sandwichs aus einer Bäckerei am anderen Ende von Paris haben. Der Fahrer hat Blaulicht und Sirene eingeschaltet und ist auf Teufel komm raus im Slalom durch den Verkehr geprescht. Die anderen Fahrer machten uns eine Gasse frei, so gut es ging, überzeugt, dass wir einen dringenden Einsatz hatten. Wir sind mit Tatütata über die Bürgersteige gebrettert, um uns Sandwichs à la pâté zu holen. Ich klappe den Rechner zu und mache Schluss für heute. Um 22 Uhr schlafe ich wie ein Toter.

Um 4:25 Uhr weckt mich die Alarmfunktion des Smartphones. Ich stöhne in mein Kissen. Ich steige aus dem Dachgeschoss hinunter, die Dusche hat die Ringe unter den Augen nicht beseitigt. Ich bin erschöpft.

KAPITEL 26

Überfall auf eine Total-Tankstelle, Boulevard de la Villette 152. Drei maskierte Personen auf dem Gelände«, kommt es über den Funk.

Überfall, nur wenige Straßen entfernt! Der Major schaltet Blaulicht und Sirene ein. Ich beschleunige, was das Zeug hält, reiße das Lenkrad des E-Golfs herum, fahre mitten in Paris mit über 120 Stundenkilometern, rase über rote Ampeln, kaum langsamer über Zebrastreifen und im wilden Slalom zwischen den Autos hindurch. Ich treibe mich selbst an, weil ich, um bei den Kollegen an Ansehen zu gewinnen, beweisen will, dass ich zu etwas gut bin: wenn schon kein Typ, der zulangen kann, dann wenigstens ein guter Fahrer.

Neben mir fängt der Major seine Formulare auf, die in den Fußraum zu flattern drohen, weil ich abrupt ausweichen muss. Fast hätte ich einen Mondeo gerammt, es geht gerade noch gut. Hinten klammern sich die beiden Kollegen an die Haltegriffe über den Türen. Das Adrenalin einer *inter'*, einer *intervention*, eines Einsatzes.

»Mach Platz, verdammt!«, schreit Ludo gereizt, als uns ein anderer Fahrer nicht gleich vorbeilässt.

Rechts voraus taucht die Total-Tankstelle auf, ich bremse hart und komme zwischen Straße und Zapfsäulen zum Stehen.

»Ich hoffe ja, die sind bewaffnet.« Ludo ist sichtlich aufgeregt angesichts der Aussicht auf einen Schusswechsel.

Mein von Eiweißdrinks und Hanteltraining aufgeblähter Kollege wirft sich aus dem Wagen und zieht im Laufen die Knarre. Bis zum Eingang der Tankstelle hält er einen Vorsprung von mehreren Metern vor der Kollegin. Der Major humpelt eher, als dass er geht. Solche Geschichten reißen ihn nicht mit, er verteilt lieber Strafzettel.

Ich bleibe zurück. Am liebsten würde ich weglaufen. Und wenn die drei Banditen da drin jetzt losballern? Dann müssen wir zurückschießen. Ich lege die Linke auf meine Dienstwaffe, folge den anderen gemächlich. Ich bin verpflichtet, mit ihnen zusammen vorzugehen, beeile mich aber nicht gerade. Keine Lust, mir für mein blödes Buch ein Loch in der Stirn einzuhandeln. Ludo erreicht die gläserne Eingangstür; sie ist abgeschlossen.

»Lasst's gut sein, keiner drin«, ruft er enttäuscht. »Die haben bloß versucht, die Scheiben einzuschlagen. Hier, Major, sehen Sie die Sprünge?«

»Womit haben die das gemacht? Mit Tonfas?«, fragt die Kollegin.

»Eher mit Knüppeln, würde ich sagen«, meint der Major.

»Major für TN19, am Tatort, Boulevard de la Villette«, meldet er der Zentrale. »Mehrere Personen haben versucht, in die Räumlichkeiten einzudringen, aber erfolglos. In der Tankstelle hält sich niemand auf. Wir rücken ab.«

Ich lasse die Zentralverriegelung des Golfs aufschnappen.

KAPITEL 27

Toto, wie wär's mit einer Partie Fußball im nächsten Zyklus?«, höre ich einen Kollegen in der Umkleide fragen.

»Ach, ich weiß nicht.«

Fußball? Es gibt also doch Kollegen, die für den verachteten Schwuchtelsport zu haben sind? Ich schalte mich in die Unterhaltung ein.

»Also, ich bin dabei.«

»Hey, du spielst Fußball? Das ist ja super. Dann melde ich dich in der WhatsApp-Gruppe an. Und gleich auch in der von der Brigade. Wie ist deine Handynummer?«

KAPITEL 28

Ein Flic stellt ein YouTube-Video in der WhatsApp-Gruppe der Brigade ein. Der Titel: »1. Mai: CRS-Bereitschaftspolizist beim Steinewerfen gefilmt.«

> **Tacos:** Ich weiß nicht wo das Problem ist, beide Seiten sind gleich bewaffnet :) :) :) :)
>
> **Bullitt:** Ganz genau!!!! Aber der Kollege ist da schon ein bisschen durchgedreht lol
>
> **Ein anderer Kollege:** Zeigen wir lieber die gute Arbeit die die Kollegen leisten und nicht diese Sensationsmache.
>
> **Toto:** Dann würden die Scheiß-Anarchos weniger Unheil anrichten!! Wenn die Hunde losgelassen werden hört der Spaß auf :)
>
> **Tacos:** :) :) + ein sabbernder Smiley

Ein anderer Kollege postet einen Link zu einem Artikel in *Le Parisien* mit dem Titel »Demonstrant Gummiknüppel in die Hose gesteckt? IGPN ermittelt gegen Polizisten«.

> **Tacos:** Pfff. Diese scheinheiligen Fragen
>
> **Vargo:** Ich würde sagen, das war nicht in der Hose.

Tacos: Ich habe nichts gesehen ich hatte mich gerade weggedreht tut mir leid ich kann Ihnen bei der Untersuchung nicht helfen

Vargo: Was gibt's da zu untersuchen der Kollege versucht bloß seinen Teleskopstock in den Gürtel zu schieben um den Typ festzuhalten und rauszuholen das ist alles … Untersuchung ohne Schuldspruch eingestellt

Tacos: Ganz ruhig

Bullitt: scheiße dieses irre Mongolenland hier

Tacos: Stimmt

Bullitt: die Kommentare da drunter kotzen mich an. Alles Tunten

Vargo: Ja total krank … Die sollten mal sehen wie es nach einer Woche ohne Polizei in Paris aussehen würde.

KAPITEL 29

Ich arbeite zum ersten Mal mit Stan zusammen, der neben mir sitzt. Wir bewachen die Gewahrsamshäftlinge. Es ist erst Viertel nach acht. Um Ruhe zu haben und Zeit für ein Gespräch mit ihm, will ich das Frühstück ein bisschen früher als sonst ausgeben.

»Das hat noch Zeit. Das sind Bastarde, die können warten«, widerspricht mein Kollege.

Auch gut. Er entscheidet schließlich. Stan nimmt sich einen Snack, gekochtes Gemüse und einen Smoothie. Er trinkt nicht, er raucht nicht. In seinem Spind habe ich ein Paar Boxhandschuhe gesehen. Ich möchte ihm lieber nicht im Ring gegenüberstehen.

Wir sind die Einzigen im leeren Wachraum. Die neuen Zelleninsassen schnarchen vor sich hin. Stan fragt, wie es mir geht:

»Alles klar? Kommst du hier gut zurecht?«

»Ja, schon.« Ich hänge ein gezwungenes Lächeln dran. »Und du? Bist du schon lange hier?«

»Zweieinhalb Jahre. Davor war ich ADS. Ich hatte Glück, war zur CSI[18] eingeteilt. Zuerst war ich ziemlich scheiße, aber später habe ich solide Einsätze hingelegt, weißt du. Als ich hierher in

18 CSI: *Compagnie de sécurisation et d'intervention* (»Sicherungs- und Einsatzkompanie«). Diese Brigade wird als Verstärkung bei Krawallen im städtischen Umfeld eingesetzt.

die Brigade gekommen bin, mit lauter Kollegen, die inzwischen weg sind, da haben wir wirklich was geschafft. Inzwischen ist alles scheiße.«

»Wieso?«

»Ach, hier sind zu viele, denen alles scheißegal ist.«

Stan seufzt.

»Ich mache keinen Unterschied zwischen euch, den Hilfspolizisten, und den regulären Polizisten. Aber die ADS in unserer Brigade haben's nicht leicht. Nur ›Aufgaben‹, keine Einsätze.«

Er fängt an, einen Flic zu beurteilen, der allgemein »Prof« genannt wird, weil er sich gut ausdrücken kann und psychologisches Gespür hat. »Er ist ein guter Polizist, aber in der Brigade fehl am Platz. Andererseits ist er gebildet, kennt die Verfahrensvorschriften.«

Er lässt weitere Kollegen Revue passieren. Stan nimmt kein Blatt vor den Mund, kaum einer findet Gnade vor seinen Augen. Über einen anderen Flic sagt er: »Wenn der in den Ruhestand geht, gibt es nur zwei Lösungen: Entweder fängt er sich eine Kugel ein, oder er nervt uns weiter jeden Tag.«

Einer der Zelleninsassen brüllt los: »Lasset eure Seele sich ausdrücken! Befreit euch! Es ist eine Selbstverwirklichung! Selbstmord ist gut! Ich bin Polizist, ich muss mich umbringen! Das ist mein Endzweck. Selbstmord ist gut!«

»Ich habe Fachabi gemacht«, erzählt Stan weiter, »und danach bei Leclerc als Lagerarbeiter angefangen. Mein Großvater hat mir die Stelle verschafft.«

Danach, so schildert er, hat er in einer Landschaftsgärtnerei gearbeitet.

»Zuerst haben die mich nur auf Probe eingestellt. Weil ich gut gearbeitet habe, hatte ich vier Monate später meinen unbefristeten Vertrag.«

Stan, der einzige geborene Pariser in der Brigade, ist in der Hauptstadt aufgewachsen. Er wird sicher lange hier Dienst tun, schon alleine, weil die Metropole die weitaus meisten Planstellen für Polizisten hat.

»Befreit euch! Selbstmord ist gut!«, schreit es wieder aus dem Zellengang.

»Wieso ist der eigentlich hier?«, frage ich Stan.

»Terrorismuspropaganda, glaube ich«, erwidert der Kollege. »Wir können sowieso nichts tun, er ist keiner von unseren.«

Das heißt, er ist von den Flics eines anderen Arrondissements hochgenommen worden. Weil die Zellen des dortigen Reviers aus allen Nähten platzen, wird das Energiebündel einstweilen bei uns deponiert.

»Bring dich um! Selbstmord ist eine gute Sache. Selbstmord befreit. Sprich mir nach. Es ist euer Ziel. Der Sinn eures Lebens ist der Selbstmord, meine Herren Polizisten. Selbstmord ist gut!«

Der Typ macht mich wahnsinnig, aber Stan spricht weiter, ohne sich stören zu lassen.

»Früher wollte ich gar nicht Polizist werden, ich mochte die Polizei nicht.«

Ein Untersuchungsbeamter in Zivil unterbricht uns, um den lärmenden Zelleninsassen abzuholen. Stan gibt ihm den Schlüsselbund. Ein mittelgroßer Araber mit kahlen Schläfen taucht aus der Zelle auf, höchstens 30 Jahre alt. Mein Kollege mustert ihn.

»Ehrlich gesagt bin ich enttäuscht. Ich hatte eine Kampfmaschine erwartet.«

Der Prophet unseres Selbstmordes schweigt jetzt. Vor dem Blick offener Verachtung, den er sich gerade eingefangen hat, kuscht er.

»Dann ging mir die Idee, Flic zu werden, nicht mehr aus dem Kopf. Irgendwann habe ich eine Anzeige gesehen: Die Polizei sucht Nachwuchs«, erzählt Stan weiter.

Er hat die Ausbildung zum ADS absolviert, dann die zum regulären Polizisten. Nach zweieinhalb Jahren im 19. Arrondissement ist er jetzt fast schon ein Veteran der Brigade, denkt aber über einen Wechsel nach.

»Hier komme ich nicht weiter, es ist langweilig. Ich kann mir hier nichts mehr beweisen. Ich weiß, was ich wert bin. Jetzt hoffe ich zur GSQ zu kommen.«

Die GSQ, *Groupe de soutien des quartiers*, das sind diese kasernierten Bereitschaftspolizisten im blauen Kampfanzug. Eine Stufe über dem einfachen Flic von der Brigade. Die müssen keine Papierkörbe mehr leeren, sondern haben nur noch Einsätze mit Adrenalingarantie. Sie werden besonders bei Krawallen und Unruhen in den Städten – VU im Polizeijargon, *violences urbaines* – herangezogen, bei Bandenkriegen zum Beispiel. Ich komme mir dagegen wie ein kleiner, unbedeutender Schupo vor.

In den Zellen langweilen sich zwei ungefähr 20-jährige Männer, die bei einer Gelbwestendemo vorläufig festgenommen worden sind. Sie werden beschuldigt, zum Schwarzen Block zu gehören. Meine Kollegen haben in ihrer Begeisterung, welche vom Schwarzen Block geschnappt zu haben, sogar behauptet, die beiden seien Kadetten der Republik – etwas ganz Ähnliches wie Hilfspolizisten also. Vom Flic zum Autonomen, das kommt gar nicht gut an bei ihnen.

Bullitt kehrt von einem Einsatz zurück und nimmt sich den Fall der beiden vor. Er schleppt einen der beiden in die Durchsuchungszelle.

»Also, du gehörst zum Schwarzen Block?«

Der andere antwortet leise, eingeschüchtert. Dann dröhnt wieder Bullitts Stimme.

»Aber wir haben die Schnauze genauso voll. Macron kotzt uns genauso an. Und du glaubst im Ernst, alles kaputtzuschlagen ist eine Lösung? Oder zu plündern? Und wenn jemand deine Wohnung ausplündert? Glaubst du, so was hilft irgendwem – alles kaputtmachen?«

Es dauert eine ganze Weile, bis Bullitt wieder auftaucht.

»Wieder so ein Bürgersöhnchen. Der will bloß seine Eltern ärgern. Außerdem ist er gestört, ich schwör's dir. Er hat gesagt, es macht ihm Spaß, alles kaputtzuschlagen.«

Der junge Mann hat am Vormittag einen Krankenhaustermin. Er leidet an Morbus Wilson, einer seltenen Erbkrankheit, bei der sich Kupfer im Organismus ansammelt. »Dann soll er mal aufpassen, dass er nicht unter die Zigeuner fällt«, kommentiert ein Kollege.

Allgemeines Gelächter. Außer bei Stan, der das Vorurteil seiner Kollegen, dass die Leute vom fahrenden Volk Altmetall stehlen, anscheinend nicht teilt. Vielleicht ist er auch nur zu sehr in das Ballerspiel versunken, das er sich gerade auf sein Smartphone heruntergeladen hat. Stan hat mir gesagt, wie es heißt, aber ich habe den Namen schon wieder vergessen. Er langweilt sich, genau wie ich.

Um 14 Uhr stehe ich wieder in der Umkleide. Seit einer Woche ziehen wir uns im Dunkeln um, weil eine Leuchtröhre durchgebrannt und noch immer nicht ausgetauscht ist. Mein Kollege Toto ärgert sich.

»Es gibt schlampige Polizeireviere, und dann gibt es noch dieses hier … Ich schwör's dir. Was hast du heute gemacht, Großer?«

»Zellenwache mit Stan.«

Toto zieht eine Grimasse.

»Der glaubt, er ist was Besonderes, weil er schon so lange hier ist. Arroganter Typ.«

»Wieso arrogant?«

»Er hält sich für einen *chasseur*, einen ganz Gewieften hier in der Brigade. Ein *chasseur*, das ist ein Flic, der spürt, ob einer ein Gauner ist, der das Verbrechen riecht. Er kontrolliert einfach unheimlich viele Leute, das ist alles. Wenn *ich* 18 Passanten kontrolliere, ist wahrscheinlich auch einer dabei, der Dreck am Stecken hat.«

KAPITEL 30

Bullitt: Habt ihr in *Le Parisien* gesehen? Der StA von Paris will sich den Polizisten vornehmen

Benjamin: Nein das hat er nicht gesagt. Nicht nur jedenfalls

Vargo: Es gibt auch eine politische Seite damit sollen auch die Gelbwesten beruhigt werden.

Bullitt: wieso???? klar will er den Kollegen loswerden. Spinnst du oder was? Es gibt Kollegen die sich nichts mehr gefallen lassen von diesem Arschloch, bloß um diese Gelbwestenschwuchteln zu beruhigen

Bullitt postet einen Bildschirmschnappschuss des betreffenden Artikels. »Welche Entscheidungen werden in den anderen Fällen getroffen?«, fragt der Journalist. Bullitt hat die Antwort des Staatsanwalts eingekreist. »Das jeweilige Vorgehen wird sehr genau analysiert. Es wird Freisprüche geben, andere Polizisten werden aber Ende des Jahres hier vor ein Strafgericht kommen.«

Bullitt: für mich sieht das nicht so aus. Es steht also schon im voraus fest dass ein paar verurteilt werden???? Scheißverfahren.

Benjamin: Nein er sagt auch dass es Freisprüche geben wird.

Bullitt: super. Na klasse. Aber erst mal die IGPN machen lassen was sie will und danach reißt er sein großes Maul auf. Arschloch.

Vargo: Aber er wird auch Exempel statuieren

Bullitt: ich sag's nochmal es gibt Kollegen die sich's nicht gefallen lassen für die Politik geopfert zu werden. Ich hör lieber auf sonst reg ich mich auf

Vargo: Andererseits verstehe Ich nicht warum die Kollegen nach den Vorfällen noch Granaten und Gummigeschosse verwenden

Bullitt: lol

KAPITEL 31

»TN19 für TV Sierra.«

»TV Sierra hört«, antwortet Sabrina, die heute Streifenführerin unserer Streife Sierra ist.

»Wir haben eine Beschwerde über ruhestörenden Lärm, Rue Compans 12. Wiederhole, Rue Compans 12. Jugendliche mit lauter Musik. Können Sie da bitte mal nachschauen?«

»Verstanden, TN.«

Xavier, am Steuer des Renault Mégane, biegt in eine Ausfallstraße ab, die rechtwinklig zum Canal de l'Ourcq verläuft. Mano, der auf der Rückbank neben mir sitzt, zieht seine Handschuhe über.

Es ist das erste Mal, dass ich hier entlangfahre, durch diese schmale Straße mit ihren grauen Fassaden. Rue Compans. An der angegebenen Adresse hängen mitten am Nachmittag sechs Jugendliche von 15 oder 16 Jahren unter dem Betonvordach des Eingangs eines Mietshauses herum und haben die Musik aufgedreht. Einer von ihnen hält einen schwarzen Ghettoblaster in der Hand, aus dem Autotune-verzerrter Rap plärrt. Ein Nachbar hat angerufen und sich über den höllischen Lärm beschwert.

»Guten Tag, könnt ihr euch denken, warum wir hier sind?«, fragt Mano, kaum dass wir ausgestiegen sind.

Die Jugendlichen reagieren mit trotzigem Schweigen.

»Die Musik … Die Nachbarn haben sich über den Lärm beschwert, also dreht ihr mir jetzt mal den Ton ab, ja?«

Die Typen gehorchen, und Mano macht sich daran, sie zu kontrollieren. Er führt die Befragungen durch und überwacht den Ablauf des Vorgehens. Die Jugendlichen stellen sich widerspruchslos an der grauen Mauer auf. Ein Routineeinsatz.

Nur Sabrina bleibt im Hintergrund: Eine Polizistin beziehungsweise ein Polizist darf keine Person des anderen Geschlechts abtasten. Ich bekomme den Typen mit dem Ghettoblaster zum Abtasten und Durchsuchen. Mit ruhiger Stimme, aber ohne Widerspruch zuzulassen, spule ich meine Befehle ab.

»Taschen ausleeren. Mütze abnehmen und umdrehen.«

Er tut wie geheißen, ohne mich anzuschauen oder mit mir zu reden.

»Wie heißt du?«

»Konaté«, erwidert er ausdruckslos.

»Wie alt?«

»16.«

Ich lege ihm die Hände auf die Waden und führe sie an den Seiten des Körpers entlang bis zu den Schultern. Ich taste sein Kreuz ab, die Arme, die Schenkel, bis hinunter zu den Knöcheln. Die Kontrolle ergibt nichts, er hat nichts bei sich. Keinen Shit in den Taschen, einen Ausweis übrigens auch nicht. Bei den fünf anderen dasselbe.

Wieder ein Einsatz für nichts. Schon seit dem Mittag reiht sich einer an den anderen. Zuerst wurden wir zu einem Nachbarschaftsstreit gerufen, bei dem es um den Diebstahl von Baumaterial ging, dann folgte eine Reihe Kontrollen von Autos und Fußgängern, die in den Augen meiner Kollegen verdächtig wirkten. Keine dieser Kontrollen brachte irgendein Ergebnis, alle endeten mit einem *RAS* für *rien à signaler* (»nichts zu berichten«), wie Sabrina immer wieder über den Polizeifunk durchgibt. Sie spricht die Abkürzung als Wort aus, »rass«. Auch die Durchsuchung der Jugendlichen beendet unsere Pechsträhne nicht.

Ich stecke meine Handschuhe wieder in die Hosentasche und will mich zurück in den Streifenwagen setzen.

Mano ist vor den Jugendlichen stehen geblieben und lässt seinen Frust an ihnen aus.

»Wir haben es satt, wegen solcher Bagatellen gerufen zu werden! Glaubt ihr, wir haben sonst nichts zu tun? Ihr fangt an, uns wirklich anzukotzen!«, fährt er sie gereizt an.

Sein Gesicht bleibt ausdruckslos, er wahrt die Rolle des Flic, der entschlossen ist, eine Lektion zu erteilen. Der erwachsene Polizist und die verantwortungslosen Jugendlichen.

Aber sein Einschüchterungsversuch wirkt nicht. Die sechs Halbstarken bleiben von unseren vier Uniformen unbeeindruckt. Sie bleiben stehen, starren uns an. »Wir haben nichts gemacht«, gibt Konaté zurück, der, den ich gerade kontrolliert habe.

Mano baut sich vor ihm auf.

»Was hast du gesagt? Ich habe dich nicht verstanden«, zischt der Flic.

Er tätschelt ihm die Wange.

»Das reicht, fass mich nicht an, *wallah!* Was glaubst du, wer du bist?«, entgegnet der junge Mann.

Zusammen mit Xavier bringen wir rasch die wenigen Meter hinter uns, die uns von den Jugendlichen trennen. Mein Kollege läuft auf den Ersten zu, Mano steht weiter vor dem mit der Mütze. Ich halte mich zurück und beobachte die Szene mit einem Blick, der hoffentlich hart und kalt wirkt. Hier kann ich ungefährdet bleiben, solange die Lage nicht eskaliert.

»Los, *wallah*, wir zwei, Mann gegen Mann«, provoziert jetzt Konaté.

Mano haut ihm eine runter. Eine schallende Ohrfeige auf die rechte Wange des Jugendlichen. Mein Kollege hat die Kontrolle über sich verloren.

»Fester, du Schwächling, du bist ja kein Mann«, höhnt der Halbstarke.

Die fünf anderen rühren sich nicht.

Mano schlägt den Jungen erneut, beschimpft ihn:

»Hurensohn!«, schreit der Polizist.

»Hau ab, halt's Maul, *wesh*«, gibt der Halbstarke zurück.

»Hör auf, hör auf, halt lieber die Klappe«, rät ihm einer seiner Kumpels.

Vor dem Jugendlichen, der sich nicht einschüchtern lässt, rastet Mano regelrecht aus. Mein Kollege verpasst ihm die nächste Ohrfeige, noch eine, eine dritte, vielleicht vier oder fünf. Die Spannung steigt so schnell, dass ich vergesse mitzuzählen.

»Auf, wir nehmen ihn mit«, entscheidet mein Kollege.

Er trifft diese Entscheidung alleine. Weil der junge Mann keinen Ausweis bei sich hat, können wir ihn tatsächlich legal zur Feststellung seiner Identität aufs Revier mitnehmen. Niemand widerspricht. Im Streifenwagen setzt sich Mano mit dem Jungen nach hinten, ich neben ihnen.

Auf dem Weg zum Revier verliert Mano alle Hemmungen. Jetzt traktiert er den Halbwüchsigen mit Faustschlägen. Wie viele? Keine Ahnung, aber ich bin wie betäubt angesichts der Brutalität dieser Szene. Der Jugendliche erstickt seine Schmerzensschreie. In der Hitze des Gefechts hat Mano vergessen, ihm Handschellen anzulegen, und er versucht sein Gesicht mit den Händen zu schützen, macht Abwehrbewegungen. Ich halte seine Hände fest, um seine Bewegungen zu dämpfen. Aber das nutzt gleichzeitig dem vor Wut durchgedrehten Kollegen: Er drängt den Oberkörper des Jugendlichen mit dem Ellenbogen gegen die Sitzbank, um ihn besser zu treffen.

»Mano, beruhig dich mal«, versucht Sabrina ihn abzukühlen.

Mano hört nicht. Auch ich wage ein »Beruhig dich doch«, aber vergeblich.

Mano ist außer Kontrolle, er tobt wie ein Irrer und beschimpft den armen Jungen immer wieder als »Hurensohn«.

Xavier rast zur Zentrale zurück, so schnell es geht, Blaulicht und Sirene auf dem ganzen Weg eingeschaltet. Ich komme mir vor wie im Fieberwahn.

Wir erreichen das Revier, der Fahrer stellt den Streifenwagen ab. Ich helfe dem Jugendlichen beim Aussteigen. »Sag nichts mehr, tu, was dir gesagt wird. Hör auf zu provozieren«, murmele ich ihm wie die Karikatur eines Anwalts zu.

Um den Gewahrsam in der Zelle wird er nicht herumkommen.

Konaté widersetzt sich, als er an die Wartebank gekettet werden soll. Mano schlägt ihn wieder und fesselt ihn energisch an die Bank. Zwei große Tränen laufen dem Jugendlichen über die Wangen. Was geht im Kopf dieses Jungen vor, der vor Wut und Ohnmacht weint? Wie soll er nach diesem Erlebnis jemals wieder der Polizei vertrauen können?

Einige Minuten später wird er einem Beamten der Justizpolizei vorgestellt, der seine Identität feststellt und ihm vorschlägt, einen Anwalt und einen Angehörigen anzurufen, wie es die Prozedur bei der Anordnung von Polizeigewahrsam vorsieht. Es ist 17:40 Uhr, ich bin gerade Zeuge eines Falls von Polizeibrutalität geworden, und der Jugendliche wird die Nacht in der Zelle verbringen.

Ich lasse den Film der Ereignisse noch einmal ablaufen. Es beginnt als langweiliger Routineeinsatz. Ruhestörender Lärm an einem Nachmittag. Jugendliche, die ihren Ghettoblaster dröhnen lassen. Ein gereizter Flic, der sie anblafft, »Ihr fangt an, uns wirklich anzukotzen«. Ein Jugendlicher, der zurückgibt »Wir haben nichts getan«. Der Flic klopft ihm auf die Wange, eine sinnlose und völlig vorschriftswidrige Geste, die nur dazu dient, den Jugendlichen vor seinen Kumpels zu demütigen. Der Jugendliche reagiert auf die körperliche mit einer mündlichen Provokation: »Auf, Mann gegen Mann.« Der Flic teilt den ersten Schlag aus. Obwohl der andere nicht zurückschlägt, lässt er weitere Schläge folgen, beschimpft den Jugendlichen, nimmt ihn vorläufig fest und schlägt ihn im Gewahrsam noch mehrmals. Das nennt sich Polizeibrutalität. Dieser Begriff enthält immer auch ein Element der Entgleisung, aber hier habe ich sogar das Gefühl, einem nicht provozierten körperlichen Angriff beigewohnt zu haben.

Wir hätten einfach den Ghettoblaster beschlagnahmen und abrücken können. Wir hätten auch einfach gar nicht reagieren und abfahren können. Wir hätten den Jugendlichen wegen Ausfälligkeiten mitnehmen können (bereits mit zweifelhafter Berechtigung, denn die erste Ausfälligkeit kam ja von unserer Seite). Aber er hat sich lieber schlagen lassen.

Ist das Schlimmste daran nicht meine Untätigkeit oder sogar noch eher die Untätigkeit der erfahreneren Kollegen? Das ist ja meine einzige Ausrede: Ich bin schließlich der Neue, der Anfänger, der Hilfspolizist, der am wenigsten in der Lage war, jemanden zurechtzuweisen, der *de facto* sein Vorgesetzter ist.

Xavier und Mano verbringen den Rest ihrer Schicht am Computer und formulieren den Text für das Einsatzprotokoll. Sie müssen angeben, warum der Jugendliche in Gewahrsam genommen wurde. Sabrina unterhält sich etwas abseits mit anderen Kollegen. Sie ist zwar Streifenführerin, muss sich aber nicht um den Bericht kümmern.

»Gemäß den Anweisungen der Divisionskommissarin als für das Gebiet des 19. Arrondissements zuständiger Justizpolizeioffizierin auf Streife im Außendienst, an Bord eines gekennzeichneten Streifenwagens mit dem Funkrufzeichen TV Sierra. Unterstützt von den Wachtmeistern Garcia und Foucaud und dem Hilfspolizisten Gendrot. Ausgerüstet mit den vorgeschriebenen

Uniformen und versehen mit den Abzeichen, die uns als Polizeibeamte ausweisen.«

Das sind die ersten, sehr förmlichen Zeilen des Protokolls. Xavier tippt unter Manos wachsamen Augen den Rest des Texts in die Tastatur. Ich habe mich neben die beiden gesetzt, um ihnen zuzuhören. Ich durchschaue ihre Taktik recht schnell. Sie wollen dem Jugendlichen die Schuld in die Schuhe schieben und Mano völlig reinwaschen. Er hat durchgehend Ruhe bewahrt und sich keinerlei Gewaltakt zuschulden kommen lassen. Er stellt sich sogar selbst als Opfer dar. Ich glaube zu träumen.

Mein Kollege erstattet Anzeige gegen den Jugendlichen, da dieser ihn während der Ausübung seines Dienstes als Vertreter der Obrigkeit beleidigt und bedroht habe.

»Er erklärt, keine Angst vor uns zu haben. Wir bitten ihn, die Äußerung zu wiederholen, woraufhin er entgegnet: ›Halt's Maul‹«, diktiert Mano.

Bleibt noch festzustellen, wann der Jugendliche begonnen hat, sich zur Wehr zu setzen.

»Also, das war nicht am Tatort, sondern erst im Streifenwagen«, sagt Mano.

Ich unterbreche die beiden.

»Wann? Als du angefangen hast, ihn zu verprügeln?«, frage ich naiv und will sie dadurch mit der Wahrheit konfrontieren, wenigstens unter uns.

»Äh … gut, als wir ihn festgehalten haben«, fabuliert Mano, wohl überrascht von meiner direkten Frage.

»Er hat eine Beule, eine kleine Beule auf der linken Seite«, wirft Tacos ein, der heute die Zellen beaufsichtigt und sich den Halbstarken gerade angeschaut hat.

»Gut, das fügen wir noch ins Protokoll ein«, sagt Mano. »Wer sagt dir schließlich, dass er sich die nicht selber erst in der Zelle beigebracht hat? Außerdem habe ich ihm bloß eine an den Kiefer verpasst. Wenn du also sagst, er hat da was an der linken Seite …«

Mit unbewegtem Gesicht wendet sich Mano an mich.

»Das ist ein Schläger. Er hätte auf jeden Fall seine Klappe halten müssen, weißt du.«

»Das ist bloß ein Junge, der wollte vor seinen Kumpels gut dastehen«, entgegne ich.

Aber ich rede ins Leere.

»Wir trauen uns ja kaum noch in die Rue Compans. Wenn, dann in gemeinsamen Einsätzen mit der BAC und der GSQ, und die wollen bloß einsammeln, denken nicht daran zu kontrollieren und so. Es geht um Drogen. Diese Kleinen sind Spitzel.«

Xavier sitzt ausdruckslos vor dem Bildschirm. Das Protokoll ist noch nicht fertig, vor uns liegen noch lange Minuten, bis dieser verlogene und erfundene Text fertig ist.

»Schreib hin, dass ich ihm mit dem Unterarm den Kopf gegen die Kopfstütze gedrückt habe, um … ein Problem zu vermeiden«, sagt Mano.

»Was hast *du* eigentlich gemacht? Hast du ihn nicht auch irgendwie festgehalten?«, fragt mich Xavier.

»Äh … die Arme.«

»Schreib auch hin, dass er uns noch auf dem Revier weiter bedroht hat«, fügt Mano hinzu.

Er holt eine Packung Pringles mit Zwiebelgeschmack aus der Tasche und bietet mir welche an. Auch einen Kaffee bietet er mir an. Es ist das erste Mal, dass ich welchen angeboten bekomme.

KAPITEL 32

Am Tag darauf, kurz danach, stehe ich wieder auf Posten vor dem Polizeirevier. Ich trage meine kugelsichere Weste und bewache gemeinsam mit einer Kollegin den Eingang. Meine Kollegin unterhält sich gerade mit Sabrina, der Streifenführerin, als Mano auf der Türschwelle erscheint. Er fährt wieder auf Streife, wartet auf den Wagen.

»Scheiße, er hat Anzeige wegen Polizeibrutalität erstattet«, seufzt Mano mit hochgezogenen Augenbrauen.

»Wenn man's genau nimmt … war's das ja auch«, gibt Sabrina mit hartem Blick zurück.

Sabrina war während des Vorfalls mit Konaté Streifenführerin. Unmittelbar unternommen hat sie kaum etwas, als Mano ausgerastet ist. Am Tag danach konfrontiert sie den Kollegen mit den Fakten. Mano antwortet nicht.

»Übrigens, du wirst auch angehört, Großer«, sagt er zu mir.

»Angehört?«

»Genau. Das heißt, du musst erzählen, was gestern passiert ist.«

Jetzt nimmt die Geschichte auf einmal eine andere Wendung.

Der Jugendliche hat Anzeige erstattet, was eine interne Untersuchung zur Folge hat. Das wiederum bedeutet eine amtliche Anhörung für die drei anderen Flics der Streife, Xavier, Sabrina und mich. Wir werden vorschriftsgemäß zu dem Vorfall befragt. Ich schwitze unter meiner blauen Dienstmütze. Wie soll ich mich verhalten?

Ich könnte aussagen, dass Mano den Jungen zuerst beschimpft und geschlagen hat, weil er die Nerven verloren hat. Dazu drängt mich mein Gewissen.

Andererseits – würde ich als kleiner Flic nicht teuer dafür bezahlen? Die Chancen, dass ich mit meinen Angaben Glauben finde, wären praktisch gleich null, weil die Kollegen der Streife – alle von höherem Rang als ich – Mano decken werden. Selbst Sabrina, unsere Streifenführerin, wird garantiert für ihn aussagen, auch wenn sie unter uns offen von Polizeibrutalität spricht … Die Regel, an die man sich stillschweigend hält, ist ganz einfach zu verstehen: Komme, was da wolle, man hält zusammen.

Sage ich die Wahrheit, laufe ich vielmehr große Gefahr, dass ich auf dem Polizeirevier keinen Fuß mehr auf den Boden bekomme, das ist offensichtlich. Ich verlöre sofort und für immer das Vertrauen der Kollegen und bekäme keine Insiderstorys mehr zu hören. Tschüss, Einsätze und Streifenfahrten – hallo, Formulare und einsame Zellenwachen. Ich habe anderthalb Jahre lang persönliche Opfer gebracht, um hierherzukommen und aus erster Hand zu erleben, wie das System funktioniert. Es mag paradox erscheinen, aber ich bin hier, um genau das zu beschreiben, was ich jetzt miterlebe.

Ich überrede mich selbst zu einer unmoralischen Entscheidung: meine Stellung als Insider zu schützen. Ich werde diese Gewalttat später in allen Einzelheiten schildern, ohne etwas zu verschweigen. Indem ich jetzt meine Undercoveridentität wahre, kann ich das veröffentlichen, was man gewöhnlich nicht mitbekommt, selbst wenn die Gewalttat mitgefilmt wird: Wie entgehen die beteiligten Polizisten der Disziplinierung? Vertuschen sie die Geschichte? Wenn ja, ist das schwierig, oder haben sie die Billigung ihrer Vorgesetzten? Wie läuft das konkret ab?

Wenn ich diesen einen Fall von Polizeibrutalität decke, kann ich dadurch vielleicht tausend andere aufdecken.

»Gut, was soll ich da sagen?«, frage ich Mano.

»Erzähl einfach, was sich abgespielt hat.« Er ist sich seiner Sache sicher.

Damit legt er mir, ohne Druck auszuüben, nahe, die Version des Protokolls zu bestätigen, das wir am Vortag zusammenfabuliert haben. Mehr muss er gar nicht sagen.

»Das geht schon in Ordnung, so schlimm habe ich ihn ja nicht geschlagen«, sagt Diego-Mano. »Klar habe ich ihm ein paar verpasst, aber ich hätte noch ganz anders zuschlagen können.«

»Stimmt … Man weiß ja, wie schnell so was passiert«, meint Fanny.

Eine brünette Polizistin in Rolling-Stones-T-Shirt und Lederweste erscheint vor dem Eingang zum Polizeirevier. Sie umarmt mich zur Begrüßung und erklärt, sie komme vom SAIP, dem *Service de l'accueil et de l'investigation de proximité*, einer Polizeidienststelle, die sich hauptsächlich um Angelegenheiten der Gewahrsamshäftlinge kümmert.

»Du hast gleich einen Anhörungstermin bei mir. Bloß eine Formalität, keine Panik«, meint sie lässig und lächelt.

Eine halbe Stunde später sitze ich ihr in ihrem Büro im dritten Stock des Reviers gegenüber. Die Anhörung dauert 22 Minuten. Ich bestätige die Version der Ereignisse, wie sie im offiziellen Protokoll steht. Ich belaste den Jungen. Anschließend stellt die Beamtin Fragen.

»Also, hat einer von euch einen der Jugendlichen im Eingang des Gebäudes geschlagen?«

»Nein.«

»Hat Wachtmeister Garcia zu dem vorläufig Festgenommenen im Streifenwagen gesagt, ›Halt die Fresse‹ und ›Was hast du gesagt, Hurensohn‹?«

Ja, hat er.

»Ob mein Kollege das zu ihm gesagt hat? Nein.«

»Gut, hat Herr Konaté den Wachtmeister Garcia verbal bedroht?«

Zuerst nicht, später schon.

»Ja, genau. Er hat zu ihm gesagt, er sei kein Mann, und hat ihn aufgefordert, sich Mann gegen Mann mit ihm zu schlagen. Er hat ziemlich das Maul aufgerissen und behauptet, Garcia sei ein Schwächling.«

»Hat Herr Konaté gesagt, ›Wart nur ab, wir sehen uns zusammen mit meinen Kumpels aus der Rue Compans wieder‹?«

Nein.

»Ja.«

»Hat Herr Konaté den Wachtmeister Diego mehrfach als Hurensohn beschimpft?«

»Ja.«

Aber der Polizist hat Konaté genauso beleidigt.

»Hat Herr Konaté im Streifenwagen versucht, Fußtritte auszuteilen?«

»Das weiß ich leider nicht mehr.«

»Möchtest du noch etwas hinzufügen?«

»Nein.«

Sie druckt meine Aussage aus, ich lese sie gegen und unterschreibe.

»Man braucht sich ja auch nur sein TAJ anzuschauen … vier Seiten lang!«

TAJ ist die Abkürzung für *Traitement d'antécédents judiciaires*, das bei der Polizei geführte Strafregister einer Person. Es enthält sämtliche Verurteilungen wegen Straftaten und Ordnungswidrigkeiten des Betreffenden. Mit erst 16 Jahren ist Konaté schon wegen etwa 20 Vergehen polizeibekannt.

»Aha? So lang schon?«

»Und ob. Vier Seiten voller Vorstrafen. Und die Mutter, als

ich sie eben angerufen habe, wollte mich beleidigen und hat behauptet, wir seien es gewesen, die ihren Sohn geschlagen haben … Liegt wohl in der Familie …«

KAPITEL 33

Es ist 22:30 Uhr, ich bin wieder zu Hause in der Rue d'Hautpoul, alleine mit meinem Gewissen. Mein Kopf wiegt eine Tonne, meine Beine auch. Eine Falschaussage, um einen Polizisten zu decken, war im Programm nicht vorgesehen. Ich hatte mir vorgestellt, wie ich verprügelt würde, wenn ich aufflöge, und überlegt, wie ich mich dann aus der Gefahr retten würde, aber einen Kollegen zu decken, der zu weit gegangen ist, das habe ich nicht kommen sehen.

Es ist zu spät, um noch einen trinken zu gehen, aber ich würde mir gerne die Birne durchblasen und auf andere Gedanken kommen. In meinem Gehirn kreisen immer dieselben: Falschaussage. Konaté. Polizeibrutalität. Ich gehe hinunter auf die Avenue Jean-Jaurès, da ist der Eingang zur Metrostation, 15 Meter entfernt. Ich werfe die Kippe auf die Erde.

Ungefähr zehn meiner Freunde wissen von meinem Undercoverprojekt, aber ich rede nicht viel mit ihnen darüber. Ich hebe mir die Anekdoten für die Treffen mit La Merguez auf, einem Freund aus der Journalistenschule.

Heute Abend habe ich nicht die Geduld, bis zu unserem nächsten Aperitif zu warten. Also erzähle ich die Geschichte einem Bekannten über Messenger, schreibe ihm ein paar Zeilen, in denen ich schildere, wie ich gelogen habe. Die Antwort kommt prompt. »Ich fürchte, jetzt bist du mit deiner Undercoverreportage zu weit gegangen. Du musst dir auch Grenzen setzen. Wenn du solche leichten Fälle von Polizeibrutalität bei einem Kollegen deckst, was machst du bei einem schweren Fall?«

Eine andere Bekannte wirft mir vor: »Ich bin entsetzt, dass du so weit gehen konntest, auch wenn ich verstehe, dass vielleicht alles sehr schnell gegangen ist. Wie willst du berichten, dass du eine Falschaussage unterschrieben hast, ohne dir nachher die Kugel zu geben? Auch wenn die Geschichte lehrreich sein mag, hätte ich Angst vor den Folgen, und vor allem würde ich mich schämen.«

Ich antworte ihr nicht. Habe ich einen Fehler gemacht? Hatte ich eine Wahl? Ich wollte mich den Kollegen nicht entfremden. Als Undercoverreporter musste ich so handeln. Als Flic musste ich tun, was die Kollegen erwarteten. Als Bürger und vor allem als Mensch mit einem Gewissen – das ist etwas anderes. Wie weit bin ich zu gehen bereit?

Am Montagabend treffe ich mich endlich mit La Merguez. Wir sind in einer Bar in der Nähe der Place d'Italie verabredet, dem *Gob*, wo wir Stammgäste sind.

Während ich auf ihn warte, unterhält sich eine Gruppe, die neben mir sitzt, lautstark über *World of Warcraft.* Die Bar hat einen Ruf als Treffpunkt von Gamern und Nerds. Vielleicht haben sie ja recht, wenn sie so viel Zeit wie möglich in einer virtuellen Welt verbringen. Eine Realitätsflucht ist so gut wie die andere. Ich könnte mir mit Rollenspielen am Computer einen schönen Abend machen. Es würde mir sicher guttun, auf einem Drachen reitend eine vielköpfige Hydra niederzumachen. Ich stelle mir das gerade vor, als mein Kumpel auftaucht, die Selbstgedrehte im Mundwinkel.

»Salut, Sergeant! Wie geht's?«

Es macht ihm Spaß, mich so zu nennen, seit ich mich bei der Polizei eingeschlichen habe. Sicher eine Reaktion auf das Pseudonym, das ich ihm in diesem Buch verpasst habe, wegen seines kupferfarbenen Teints und seiner langen, hageren Gestalt.[19] Zwischen zwei spaßigen Bemerkungen erzähle ich ihm meine neuesten Abenteuer bei der Polizei. Zum Schluss lade ich auch das Gewicht ab, das mir seit zwei Tagen auf die Schultern drückt.

Er trinkt einen großen Schluck Bier, seufzt und denkt nach.

»Also, ich würde sagen, mit solchen Sachen überschreitest du eine rote Linie. Du solltest aufpassen, dass du nicht in eine Zwangslage gerätst, aus der du nicht mehr herauskommst. Du wirst mir langsam unheimlich.«

Er bestellt noch ein Glas. Noch eine halbe Stunde, bis wir beide nach Hause müssen. Er, um die Windeln seines Kleinen zu wechseln, ich, um mich früh ins Bett zu legen.

*

Auf meiner Dienststelle fallen täglich rassistische, homophobe und frauenfeindliche Sprüche. Sie kommen von bestimmten Kollegen und werden von den anderen geduldet oder überhört.

Inzwischen, nach drei Monaten als Undercoverjournalist hier, habe ich gesehen, wie die Kollegen einen schwarzen Migranten gegen eine Bushaltestelle geworfen und im Mannschaftswagen geschlagen haben; wie sie einen marokkanischen Migranten verprügelt haben; wie sie den jungen Konaté verprügelt haben; wie sie mehreren Gewahrsamshäftlingen, alles Araber oder Schwarze, Ohrfeigen verpasst haben.

Wenn ich meinen kurzen Erfahrungszeitraum zugrunde lege, muss man nicht auf frischer Tat ertappt werden, um sich Ohrfeigen einzuhandeln. Die beiden jungen weißen Kadetten zum Beispiel, die als mutmaßliche Mitglieder des Schwarzen Blocks bei einer Gelbwestendemo aufgegriffen wurden, saßen auf dem

19 *Merguez* sind marokkanische Grillwürstchen, lang, dünn und dunkelrot. (A. d. Ü.)

Revier als seltsame Beispiele polizeifeindlicher Polizisten, wurden aber kein einziges Mal geschlagen. Man kann auch nicht einfach sagen, dass es daran lag, dass sie Weiße waren, das wäre zu kurz gegriffen. Was man aber sagen kann, ist, dass zumindest in meiner Dienststelle die anderen die Ohrfeigen bekommen.

All diese Beobachtungen auf einem einzigen Polizeirevier münden natürlich in der Frage, ob ich hier in einen Einzelfall geraten bin oder ob die französische Polizei rassistische Einstellungen im Dienst duldet. Anders ausgedrückt: Richtet sich das Verhalten der Polizei gegenüber dem französischen Bürger danach, ob der Bürger Schwarzer oder Weißer ist?

Zwei Soziologen haben 2009 die Durchführung von Ausweiskontrollen durch die Polizei beobachtet. Ihre Studie mit dem Titel »Personenkontrollen nach dem äußeren Erscheinungsbild in Paris«[20] führten sie an zwei Örtlichkeiten durch, an denen die Polizei häufig kontrolliert: am Gare du Nord und in der Umgebung von Châtelet. Sie wollten, so schreiben sie, eine Behauptung überprüfen: »Angeblich verhält sich die Polizei in Frankreich heute wie gestern gegenüber Ausländern und Menschen ausländischer Herkunft anders [als gegenüber ethnischen Franzosen].«

Die Autoren der Studie teilten die Kontrollierten nach ihrem Aussehen in Weiße, Schwarze, Nordafrikaner, Inder / Pakistani und andere Asiaten ein und berücksichtigten noch weitere Merkmale, die die Aufmerksamkeit der Polizei auf sich ziehen könnten, wie zum Beispiel, ob man eine Tasche bei sich trägt und wie man sich kleidet. Sie unterschieden etwa Menschen im Businessdress (»Anzug und Krawatte«) von normal oder leger Gekleideten und solchen, die sich jugendlich anzogen (zum Beispiel im Hip-Hop-, Reggae- oder Tecktonikstil).

Um die Ergebnisse aussagekräftig zu machen, stellten die Au-

20 Fabien Jobard und René Lévy, »Les contrôles au faciès à Paris«, in: *Plein Droit*, 2009/3, Nr. 82, S. 11–14.

toren zunächst die Anteile der jeweiligen Gruppen an den insgesamt jeweils vor Ort anzutreffenden Personen fest. Dazu beobachteten und klassifizierten sie 38 000 Passanten.

Das Ergebnis: Es besteht ein deutlicher Unterschied zwischen den Merkmalen der kontrollierten Personen und denen der insgesamt vor Ort befindlichen. »Erster Unterschied, das Geschlecht: Männer werden 3,5- bis 10-mal häufiger kontrolliert als Frauen. Auch Jugendliche werden häufiger kontrolliert, als ihrem Anteil entspricht. So stellten an der Fontaine des Innocents in Châtelet die Jugendlichen 50 Prozent der Anwesenden, aber 99 Prozent der Kontrollierten. Gleiches gilt für die Kleidung: Jugendlicher Kleidungsstil bringt ein um 5,7- bis 16,1-mal höheres Risiko mit sich, kontrolliert zu werden.

Bei Angehörigen äußerlich erkennbarer Minderheiten ist der Unterschied ebenso deutlich. Schwarze laufen ein im Vergleich zu ihrem Anteil an der Bevölkerung vor Ort um 3,3- bis 11,5-mal höheres Risiko, kontrolliert zu werden, als Weiße und Nordafrikaner ein um 1,8- bis 14,8-mal höheres.«

Diese Zahlenverhältnisse, so stellen die Forscher heraus, übertreffen noch die gewöhnlich in vergleichbaren britischen und US-amerikanischen Studien beobachteten. »Man muss sich also bewusst machen, dass die Polizei Angehörige solcher Bevölkerungsgruppen überdurchschnittlich oft kontrolliert, die männlich, jugendlich angezogen und als einer Minderheit zugehörig erkennbar sind.«

Slim Ben Achour, Anwalt am Pariser Berufungsgericht und einer der Vorsitzenden des Antidiskriminierungsausschusses der französischen Anwaltsvereinigung SAF, versucht seit fünf Jahren offiziell feststellen zu lassen, dass die französische Polizei Personenkontrollen nach dem äußeren Erscheinungsbild durchführt. 2015 hat er ein Urteil gegen den Staat wegen schwerer Fehlleistungen erreicht. Der Kassationsgerichtshof hat diese Entscheidung 2016 bestätigt und die Französische Republik rechtskräftig in drei Fällen verurteilt, weil »eine Personenkontrolle, die sich auf körperliche Eigenschaften gründet, die auf einen realen oder angenommenen Ursprung des Betreffenden schließen lassen anstatt auf einen belegbaren objektiven Anfangsverdacht, als diskriminierend einzustufen ist«.

In einem Interviewerzählt Slim Ben Achour, dass die Verteidigung des Staates während eines fast fünfjährigen Rechtsstreits darin bestanden habe, dass die Grundsätze von Gleichheit und Diskriminierungsfreiheit nicht für Personenkontrollen gelten.[21]

Das Urteil gegen das staatliche Vergehen stimmt mit meiner eigenen Erfahrung überein: Die Polizei verhält sich je nach Hautfarbe der Kontrollierten unterschiedlich, als ob die Ordnungskräfte eine Art umgekehrter Unschuldsvermutung gegen einen Teil der Bevölkerung anwandten.

Wenn es um die Häufigkeit von Polizeibrutalität geht, spielt die Hautfarbe eine noch größere Rolle. Als Erstes springt einem dabei die fehlende Transparenz ins Auge. Der Staat, der sonst über alles Statistiken führt und eine Zahlenkultur pflegt, gibt in Sachen Polizeibrutalität keine analytischen Einzelheiten preis.

Die Generalinspektion der französischen Polizei, die für interne Ermittlungen zuständige IGPN, hat im Juni 2018 zum ersten Mal Einblick in eine offizielle Statistik dazu gewährt. »In einer Demokratie ist es nicht ungewöhnlich, die Anzahl der Todesfälle durch polizeiliches Eingreifen bekanntzugeben«, erklärte die damalige Leiterin der Behörde, Marie-France Monéger-Guyomarc'h dazu.

Laut der IGPN sind von Juli 2017 bis Mai 2018 insgesamt 14 Personen während eines Polizeieinsatzes ums Leben gekommen. Diese Ziffer wird allerdings als »Schadensmeldung«, nicht

21 Jérémie Gauthier, »Le contrôle au faciès devant les juges«, in: *La Vie des idées*, 2. Februar 2018.

als »Verurteilung polizeilicher Gewalt« veröffentlicht, so die IGPN, außerdem werden weder Namen noch Todesumstände der Betreffenden herausgegeben.

Ein Artikel in der Rubrik CheckNews der kommunistischen Tageszeitung *Libération* vom Februar 2019versucht, über Anzahl und Umstände dieser Todesfälle aufzuklären.[22] In CheckNews bildet jeweils eine Leserfrage den Ausgangspunkt für eine ausführliche Antwort der Redaktion.

Im zitierten Artikel wird allerdings keine Frage beantwortet, sondern eine Behauptung überprüft. Laurent Theron (49) wurde im September 2016 bei einer Demonstration gegen das geplante neue Arbeitsgesetz in Paris durch eine Tränengasgranate der Polizei verletzt. In einem Artikel auf *Mediapart* wird er mit der Aussage zitiert, die »Polizeiverbrechen« seien »rassistisch«. Um seine Behauptung genauer auszuführen: »Von den 20 bis 30 jährlichen Todesopfern sind 80 Prozent Schwarze oder Araber, obwohl sie nur zehn Prozent der Bevölkerung ausmachen.«

Die Internetseite *Bastamag*, die als am ehesten vollständige Quelle für dieses Thema gilt, führt Buch über die 20 bis 30 Menschen, die jährlich von den Ordnungskräften getötet werden (nicht nur im Dienst und von der Polizei, sondern auch von der Gendarmerie und außer Dienst – etwa, wenn ein Polizist in seiner Freizeit jemanden mit der Dienstwaffe umbringt), gibt aber weder Hautfarbe noch Nationalität der Toten an.

Dennoch erklärt Ivan du Roy, einer der Gründer der Seite, gegenüber *Libération*: »Wenn man sich die Familien- und Vornamen anschaut, sieht man deutlich, dass Personen, die aus Migrantenfamilien stammen oder selbst Migranten sind, übermäßig vertreten sind. Das ist ganz eindeutig. Es genügt aber nicht für eine genaue Statistik. Dazu müsste man die Hautfarbe der Per-

22 Cédric Mathiot, »Y a-t-il vraiment vingt à trente personnes qui meurent chaque année ›victimes‹ de la police?«, in: *Libération*, 2. Februar 2019.

sonen angeben können, die sich aus dem Namen aber nicht immer erschließen lässt und die für die ersten Jahre überhaupt schwierig festzustellen ist. Man muss hinzufügen, dass auch juristische Fragen eine Rolle spielen, da wir keine ethnisch gegliederten Statistiken führen dürfen.«

Eine andere, von *Bastamag* unabhängige Quelle bestätigt deren Analyse. Die *Action des chrétiens pour l'abolition de la torture* (Acat, »Aktion Christen für die Abschaffung der Folter«) hat 2016 einen »Bericht über den Einsatz von Gewalt durch die französische Polizei und Gendarmerie« vorgelegt. Die Vereinigung engt den Begriff der Polizeibrutalität auf Situationen ein, »in denen die Gewalt direkt von den Beamten der Polizei und Gendarmerie ausgeübt wurde«, und zählt damit zwischen 2005 und 2015 insgesamt nur 26 Tote. Aus dem Bericht geht jedoch hervor, dass von diesen 26 »mindestens 22 Personen waren, die zu äußerlich erkennbaren Minderheiten gehörten«.

Selbst die vorsichtigste Auffassung führt also zu der Feststellung, dass 85 Prozent der Todesopfer, die Gendarmen und Polizisten während der Dienstausübung zuzuschreiben sind (ob es sich dabei nun um Polizeibrutalität gehandelt hat oder nicht), zu äußerlich erkennbaren Minderheiten gehörten.

Das Larousse-Wörterbuch definiert den Begriff Rassismus auf zweierlei Weise: einmal als »Weltanschauung, die davon ausgeht, dass die als Rassen bezeichneten Menschengruppen eine Hierarchie bilden«, aber auch mit einer in Frankreich weniger geläufigen Definition als »von dieser Weltanschauung inspiriertes Verhalten ... eine systematische Ablehnung einer Bevölkerungsgruppe: Anti-Jugend-Rassismus«.

Was soll man nun angesichts der wiederholt von den Gesetzeshütern ausgegangenen rassistischen Verhaltensweisen unternehmen?

Norwegen zum Beispiel hat, mit dieser Problematik konfrontiert, die Ausbildung seiner Polizisten reformiert. Angehende norwegische Polizeibeamte erhalten eine dreijährige Ausbildung (gegenüber zwölf Monaten für reguläre Polizisten und drei Monaten für Hilfspolizisten wie mich in Frankreich), von denen zwei Wochen ausschließlich ethnisch-rassischen Themen vorbehalten sind.

Aber in Frankreich müssten wir, bevor wir nach Lösungen suchen, erst einmal die Existenz des Problems anerkennen.

Im Mai 2020 brechen nach dem Tod George Floyds, eines 46-jährigen schwarzen Amerikaners aus Minneapolis, der unter dem Knie des weißen Polizisten Derek Chauvin erstickte, überall in den USA gewalttätige Unruhen aus, und es kommt weltweit zu Demonstrationen. In Frankreich strömen am 2. Juni 2020, organisiert von dem Ausschuss »Die Wahrheit für Adama«, 20 000 Menschen vor dem Pariser Justizpalast zusammen.

Adama war Adama Traoré, ein junger Schwarzer mit französischer Staatsbürgerschaft, der am 19. Juli 2016, seinem 24. Geburtstag, starb, als ihn drei Gendarmen vorläufig festnahmen. Da es weder Videoaufnahmen seines Todes noch andere Zeugen als die drei beteiligten Gendarmen gibt, stehen sich seitdem Autopsie- und Gegenautopsieergebnisse gegenüber, die zeigen sollen, ob er innere Blutungen im Bauchraum hatte oder nicht und ob die Todesursache »stellungsbedingtes Ersticken« war oder nicht.

Im Gefolge dieser Krawalle im Frühling 2020 enthüllen Recherchen von *Mediapart*, Arte Radio und *StreetPress* zahlreiche diskriminierende und rassistische Äußerungen von Ordnungskräften in sozialen Netzwerken wie Facebook oder privaten Messengerdiensten wie WhatsApp. Angesichts der Empörung in den Medien fordert Präsident Emmanuel Macron von Premierminister Édouard Philippe und Innenminister Christophe Castaner die rasche Unterbreitung einer Liste von Maßnahmen »zur Verbesserung des Verhaltens der Ordnungskräfte«.

Am Montag, dem 8. Juni 2020, veröffentlicht der *Défenseur des droits*[23] (Ombudsmann) Jacques Toubon in seinem Jahresbericht eine bemerkenswerte Zahl: Die Beschwerden über das Verhalten der Ordnungskräfte haben 2019 um 29 Prozent zugenommen. Er weist darauf hin, dass das Vertrauen der Bürger in Polizei und Gendarmerie wesentlich für das Funktionieren der Behörden sei, und dieses Vertrauen setze entsprechendes Verhalten voraus.

Toubon schließt mit einer lapidaren Feststellung: »Der Ombudsmann hat seit Beginn seiner Amtszeit [2013] in 36 Fällen die Einleitung eines Disziplinarverfahrens gefordert. Keiner dieser Forderungen wurde jedoch entsprochen, obwohl es sich angesichts der Vielzahl der im betreffenden Zeitraum behandelten Fälle um seltene und durch die Umstände wohlbegründete Anträge handelte.«

Am Erscheinungstag des Berichts hält Innenminister Christophe Castaner eine Pressekonferenz zum Thema Gewalt und Rassismus in der Polizei ab. Sie bezeichnet einen Wendepunkt im Standpunkt des Innenministers, der bisher in seinen öffentlichen Äußerungen die Ordnungskräfte immer verteidigt hatte. »In den vergangenen Wochen haben zu viele [Polizisten] in der Ausübung ihrer Pflicht als Beamte versagt. Rassistische Äußerungen sind gefallen, Diskriminierungen zutage getreten. Das ist nicht hinnehmbar«, erklärt er.

Es folgt eine Aufzählung von Forderungen zur »Verbesserung des Verhaltens der Ordnungskräfte«. Der Minister kündigt das Verbot des als »Würgegriff« bezeichneten Festhaltens eines vorläufig Festgenommenen am Hals an, dazu eine »tiefgreifende Reform der Aufsichtsbehörden des Innenministeriums« – der IGPN, der IGGN (ihrer Entsprechung in der Gendarmerie) und der IGA (der Entsprechung für die allgemeine Verwaltung) –,

23 In Frankreich eine unabhängige Behörde, die auch die Rechte von Kindern, Kunden des öffentlichen Diensts und Whistleblowern wahren soll.

die »in ihrem Verhalten gegenüber den Dienststellen unabhängiger werden« sollen.

Der Minister schließt: »Gezielt rassistische und gewalttätige Behörden gibt es nicht.«

Am Mittwoch, dem 17. Juni 2020, sendet das Fernsehmagazin *Le 1* den Beitrag »Être noir en France« (»Als Schwarzer in Frankreich«) und veröffentlicht dazu einen langen Essay mit dem Titel »J'étouffe« (»Ich ersticke«). Autor ist Raoul Peck, der haitianische Regisseur der Dokumentation *I Am Not Your Negro.* Er ruft Frankreich dazu auf, das »Leugnen« zu beenden. »Auch Rassismus light ist Rassismus. Auch er richtet Schäden an [...]. Die Franzosen möchten den Rassismus gerne nur in den USA am Werk sehen.«

Raoul Peck schildert anschließend einen Vorfall mit der Polizei, den ein Freund seiner Tochter erzählt habe. »Von der hohen Warte seiner 14 Jahre herab berichtet er belustigt, wie er auf einem Polizeirevier festgehalten wurde, während ein Polizist russisches Roulette mit ihm zu spielen vorgab [also den Lauf seiner Pistole auf die Schläfe des Jungen richtete]. Er lacht sich tot, als er das erzählt. Aber in seinen Kinderaugen sehe ich sehr wohl, dass das Erlebnis Spuren hinterlassen hat. Der Polizist hat bestimmt kein Kind in ihm gesehen, sondern einen ›Delinquenten‹. Höchstens.«

Genau wie Diego-Mano in Konaté einen *chouf* gesehen hat, einen Spitzel, und keinen Halbstarken, der sich aufspielt, indem er laute Musik hört. Diese Wahrnehmung impliziert gleichzeitig einen Schuldvorwurf und eine Entmenschlichung. Ein »Bastard« verdient im Unbewussten mancher Kollegen im 19. Arrondissement weder korrekte noch unvoreingenommene Behandlung, kurz, er verdient keinen Respekt, und zwar nicht, weil er etwas getan hat, sondern weil er etwas ist.

Ist diese Entmenschlichung einmal eingeführt, kann man alles rechtfertigen, auch dass man einen Jugendlichen oder einen Migranten verprügelt, und man muss zugeben, dass diese ungestraften Übergriffe in den Fällen von Polizeibrutalität, bei denen ich zugegen war, System hatten.

KAPITEL 34

Am Morgen sind die Flics gekommen, um mich abzuholen. Ich lag noch im Bett, unrasiert auf der Matratze im Dachgeschoss ausgestreckt. Sie haben an die Tür geklopft. Ich habe hastig eine Unterhose und ein T-Shirt übergestreift und mit verklebten Augen die Tür geöffnet.

Es ist alles ganz ruhig abgelaufen. Als ich sie in der Türöffnung stehen sah, habe ich begriffen. Ende der Maskerade, der Verstellung.

Ich erinnere mich nicht an die Gesichter dieser Gestalten. Komisch, normalerweise achte ich zuerst auf das Gesicht. Ich bin ihnen ohne ein Wort gefolgt. Handschellen, Streifenwagen, Polizeigewahrsam.

Sie haben mich an einen Ort gebracht, den ich nicht kenne. Es ist kein Polizeirevier, auch keine Dienststelle der Justizpolizei. Alles hier ist bonbonrosa. Der Fußboden, die Decke, sogar die Wandfarbe. Welche Behörde macht denn so etwas?

Ich drehe einige Minuten lang meine Runden in diesem fremden Zimmer, in dem nur ein Tisch steht. Das Fenster ist aus Milchglas.

Zwei Flics erscheinen. Sie wollen mich verhören und setzen sich an den Tisch. Sie haben Klappstühle mitgebracht. Die beiden gleichen einander mit ihrem identischen Haarschnitt, einem Scheitel und über eine beginnende Glatze gekämmten braunen

Strähnen. Schulze und Schultze von heute. Sie sind höflich und bieten mir einen Kaffee an. Ich nehme ihn.

»Sie sind also Journalist«, sagt der erste Flic, deutlich empört.

»Ja, das stimmt.«

»Sie wissen, dass Sie das teuer zu stehen kommt.«

»Ist mein Anwalt schon da?«

»Noch nicht.«

Im Zimmer piept ein Alarmsignal, ein durchdringender Ton, der mich aus dem Albtraum reißt. Ich taste nach dem Smartphone unter dem Kissen. Ich öffne die Augen. Es ist 4:25 Uhr. Inzwischen schleicht sich also die Undercoverarbeit sogar in meine Träume ein.

KAPITEL 35

Ludo: Gibt es bei euch in der J2-Schicht einen Guillaume?

Vargo: Ja das ist ein Kollege in der J2

Ludo: Er hat gerade seinem Leben ein Ende gemacht …

Xavier: Ist das bestätigt? Woher hast du das?

Vargo: Ja das ist bestätigt

Ludo: Ein Kumpel hats mir gerade erzählt

Xavier: Mann Scheiße

Ein anderer Flic: Er war inzwischen bei der GSQ

Xavier: Bei sich zu Hause oder auf dem Revier?

Benjamin: Scheiße …

Vargo: Nicht auf dem Revier, das steht fest

Xavier: Ok

Vargo: Der Name ist Guillaume Ariège.

Xavier: Ich kann zwar kein Gesicht zuordnen aber den Namen kenne ich

Vargo postet ein Foto des Polizisten aus unserem Revier, der sich gerade umgebracht hat. Der Tote posiert in Anzug und schwarzer Krawatte.

Xavier: Oh Scheiße der …

Loïc: Scheiße der hatte den Spind neben meinem. Gestern habe ich noch mit ihm geredet

Ludo: Mann :-/

Bullitt: Und ob. Was ein Elend

Vargo postet vier weinende Emoticons.

Rodrigue: Scheiße verdammt

Natacha: Was eine Kacke. Hat ihn jmd gut gekannt? Sah fröhlich aus. Nicht depressiv. Von wem ists bestätigt??

Benjamin: Nachher hats keiner gewusst. Wie oft sagt man mir gehts gut wenn man gefragt wird unds stimmt gar nicht. Woher soll mans wissen bei einem Kollegen den man 10 Sekunden oder 5 Minuten beim Appell sieht

Natacha: Stimmt … umso schlimmer. Aber man trifft doch nicht bloß die Leute von der Arbeit … Das ist schrecklich

Benjamin: Bei uns darf man nun mal keine Schwäche zeigen. Also verstellt man sich.

Natacha: Also das ist Blödsinn. Wir sind doch schließlich Menschen. Wir sind alle mal down … Jeder hat mal einen Durchhänger

Benjamin: Nur dass wir außerdem noch Flics sind

KAPITEL 36

Die Polizei gehört zu den Berufsgruppen mit der höchsten Selbstmordrate. Im Jahr 2017 haben sich in Frankreich 51 Polizisten das Leben genommen, 2018 waren es 35, und unser Kollege ist der 33. Polizist, der 2019 in den Freitod geht. Ende des Jahres wird diese makabre Statistik bereits 59 Fälle verzeichnen.

Sebastian Roché, Forschungsdirektor am *Centre national de la recherche scientifique* (CNRS), hat sich auf die Polizei spezialisiert. In einem Interview, das am 20. April 2019 in *Le Monde* erschien, schildert er die Auswirkungen der »Selbstmordkatastrophe« bei der Polizei: »Seit 40 Jahren ist bekannt, dass es bei der Polizei mehr Selbstmorde als in der vergleichbaren sonstigen Bevölkerung gibt, also bei mehrheitlich männlichen 35- bis 45-Jährigen. In einem Bericht des Senats vom Juni 2018 heißt es, dass die Selbstmordrate bei der Polizei die der Normalbevölkerung um 36 Prozent übersteigt.«[24]

Der 33. Polizist, der sich 2019 umbringt, ist für mich keine abstrakte Zahl, sondern ein Mann, der hier, auf meinem Revier, gearbeitet hat. Ich betrachte wieder sein Foto. Kurze schwarze Haare, gut aussehend, ein brandneues Smartphone in den Händen. Er

24 Louise Couvelaire, »Il n'existe aucune étude de fond du ministère permettant d'analyser les suicides dans la police«, in: *Le Monde*, 20. April 2019.

war bei einer anderen Brigade, bei der J2. Ich glaube, ich bin ihm in den Korridoren des Gebäudes nie über den Weg gelaufen.

Als ich in die Rue Erik-Satie komme, schlägt Marvin, ein Wachtmeister auf Probe, als Wachhabender vor dem Haupteingang die Zeit tot. Er hat den Kollegen auch nicht gekannt.

»Noch nicht sicher, ob es Selbstmord oder ein Unfall war«, erzählt er. »Er hatte Urlaub und hat die Dienstwaffe mit nach Hause genommen. Seine Kameraden von der J2 sind heute zur Schicht angetreten, haben aber den Dienst nicht aufgenommen. Sie weinten, ein paar standen unter Schock. Sie sind noch unten und reden. Es gibt Kollegen, die ihre Kanone mit in die Ferien nehmen. Die Chefin steckt jetzt in der Scheiße, weil sie ihm die Genehmigung unterschrieben hat, die Dienstwaffe auch im Urlaub zu tragen.«

Nach den Anschlägen vom 13. November 2015 in Paris und in Saint-Denis setzte der damalige Generaldirektor der französischen Polizei, Jean-Marie Falcone, eine Ausnahmeregelung in Kraft, gemäß der alle Polizisten ihre Sig-Sauer-Automatik mit nach Hause nehmen durften.

Innenminister Bernard Cazeneuve setzte im Januar 2016 diese Genehmigung wieder aus und beschränkte sie auf den Ausnahmezustand. Seitdem darf, wenn der Ausnahmezustand verhängt wird, »jeder Polizeibeamte, der nicht im Dienst ist, seine Dienstwaffe während der gesamten Dauer des Ausnahmezustands führen, und zwar auch außerhalb seines Zuständigkeitsbereichs«.

Die Ausnahme wurde dann wieder zur Regel, nachdem im Juni 2016 ein Islamist in Magnanville ein Polizistenpaar in deren Haus ermordete. Diese Tragödie bewegte die Regierung Präsident Hollandes, die Genehmigung zum Führen der Waffe nicht mehr nur von der Verhängung des Ausnahmezustands abhängig zu machen.

Eine Anweisung[25] des Innenministeriums legt die drei Bedingungen fest, denen Polizisten unterliegen, die ihre Waffe außerhalb des Dienstes führen wollen: Sie müssen ihrem Vorgesetzten eine vorformulierte Erklärung vorlegen, im vergangenen Jahr die vorgeschriebenen Schießübungen absolviert haben (drei Durchgänge zu je 30 Schuss), davon mindestens eine in den vier unmittelbar vorangegangenen Monaten.

Diese Maßnahme schafft eine neue Situation: Die Dienstwaffe ist jetzt rund um die Uhr zugänglich, und eine schwierige Frage stellt sich: Trägt die Schutzmaßnahme gegen den Terror womöglich zur polizeilichen Selbstmordkatastrophe bei?

Innenminister Christophe Castaner richtete im April 2019 eine Beratungseinheit zur Selbstmordverhütung (*Cellule alerte prévention suicide*, Caps) ein, um, wie er sagte, »die Angst, die Scham, das Schweigen zu brechen«. Der Minister erklärt: »Dass Polizisten auf Wunsch ihre Dienstwaffe auf dem Weg zur Arbeit führen dürfen, hat keine Auswirkungen auf die Zahl der Selbstmorde durch Schusswaffengebrauch gehabt.«

Das Argument des Ministers ist ziemlich zynisch. Dass die Zahl der Selbstmorde durch Schusswaffengebrauch durch diese Maßnahme nicht in die Höhe geschossen ist, liegt einfach daran, dass sie bereits die Decke erreicht hat.

Eine Analyse des Soziologen Nicolas Bourgoin von 1997 mit dem Titel »Le suicide dans la police nationale« (»Der Selbstmord in der französischen Polizei«) zeigt, dass die meisten männlichen Selbstmörder in der Gesamtbevölkerung den Strick wählen, während sich bei den Polizisten 75,6 Prozent der Selbstmörder der Dienstwaffe bedienen.[26]

25 »Instruction relative à l'arme individuelle ou de service«, 9. März 2017.

26 Nicolas Bourgoin, »Le suicide dans la Police nationale«, in: *Population* (52. Jg., Nr. 2), 1997, S. 431–440.

Diese Zahl stellt ein Faktum heraus: Die Waffe ist zwar nicht die Ursache der Selbstmordkatastrophe bei der Polizei, aber ganz klar das Mittel. Nicolas Bourgoin spricht von der »Leichtigkeit des Zugangs zu einem radikalen Mittel, das die Dienstwaffe darstellt«.

Der Soziologe zählt als hauptsächliche Gründe für die überhöhte Selbstmordrate bei Polizisten auf: Zugang zu Schusswaffen, Alkoholmissbrauch, Schichtdienst zum Nachteil des Familienlebens (mehr Scheidungen), Gleichgültigkeit und Ablehnung in der Öffentlichkeit, empfundene Ungerechtigkeit des Justizsystems (Polizisten finden Gerichtsurteile oft unangemessen). Caps-Leiterin Noémie Angel fügt in einem Interview hinzu, auch »die Probleme eines posttraumatischen Stresssyndroms, wie sie aus einer wiederholten Konfrontation mit Gewaltszenen und dem Tod« entstünden, erhöhten das Selbstmordrisiko.[27] Caps wolle daher unter anderem erreichen, dass Hilfesuchende, die einen Arzt oder Psychologen aufsuchen, nicht mehr stigmatisiert würden, erklärt sie.

*

Chefbrigadier Steph sucht über WhatsApp Freiwillige, die am Freitagnachmittag die Schicht der Brigade J2 übernehmen, damit die Kameraden des Toten an dessen Begräbnis teilnehmen können. Ich melde mich. Auf dem Gang treffe ich Diego-Mano:

»Hast du dich auch freiwillig gemeldet, am Freitag einzuspringen?«

»Nein, das nicht. So gut kannten wir uns jetzt auch wieder nicht. Zum Glück ist die Meldung freiwillig. Hätte mich angekotzt, wenn ich zur Schicht abkommandiert worden wäre.«

27 Camille Polloni, »Suicides dans la police: la mort dans l'arme«, in: *Les Jours*, 29. April 2019.

»Aber es ist doch den Kollegen sicher wichtig, dass sie ihm die letzte Ehre erweisen können.«

Mano seufzt skeptisch. Auch mir ersparen die Vorgesetzten übrigens die Zusatzschicht am Freitag. Bei einem ADS seien Überstunden einfach zu teuer für die Verwaltung, bekomme ich erklärt.

*

Einige Tage später werden alle Flics der Brigade im Appellsaal zusammengerufen. Ein Kommandant des Reviers ergreift das Wort.

»Ich möchte Ihnen dafür danken, dass Sie vorigen Freitag nach dem Tod unseres Kollegen eingesprungen sind. Dank Ihnen konnten wir mit 20 Kollegen an der Beerdigung teilnehmen. Einige von uns hielten Wache am Sarg. Das hatte Stil. Vor und nach dem Gottesdienst sind wir am Sarg vorbeimarschiert.«

Den Ausdruck »Das hatte Stil« wiederholt er mehrmals.

»Was den Kollegen angeht, kann man nur schwer sagen, ob er berufliche oder private Gründe hatte«, fährt der Kommandant fort. »Es schien ihm gut zu gehen. Wir erwarten noch das Untersuchungsergebnis, aber es kann sein, dass nie ganz herauskommt, was sich wirklich abgespielt hat. Nochmals meinen herzlichen Dank an Sie alle.«

Der Polizeioffizier verlässt den Saal. Der Alltagsbetrieb des Reviers geht weiter. In der Umkleide bleibt der Spind des Toten leer. Auf das kalte Metall hat jemand einen Zettel geklebt: »Bitte legen Sie in diesem Spind aus Respekt vor unserem verstorbenen Kollegen und Freund keine Gegenstände ab. Danke.«

»Ach, irgendwann muss man auch einfach weitermachen«, meint Tacos.

KAPITEL 37

Ein Kollege aus der Brigade postet den Link eines Artikels in *Le Parisien*: »Orkan Miguel: Ein Schwerverletzter in Paris durch umstürzende Straßenlampe«.

Der Kollege: Ich hoffe das ist ein *modou* (Lol-Smiley)

Bullitt: lol

Ein anderer Flic: Oder ein *bobo*[28]

28 *Bobo*: Abk. für *bourgeois-bohémien*, etwa »linkes Bürgersöhnchen«. (A. d. Ü.)

KAPITEL 38

Am Morgen zieht Stan seine übliche Nummer ab. Nach dem Appell seufzt er vernehmlich. Er mag die Kollegen nicht, mit denen er auf Streife gehen soll. Für ihn sind sie schlechte Polizisten. Unfähig.

»Wer fährt?«, ruft er laut.

Ich antworte ihm, dass ich der Fahrer bin. Er verdreht die Augen und seufzt erneut. In seiner Mannschaft will Stan nur Flics wie sich selbst haben, *chasseurs*, die den Bastards nachjagen.

Seiner Ansicht nach gibt es bei der Polizei eine Kategorie der Deppen, zu der auch ich gehöre. Ich, der kleine bebrillte Hilfspolizist ohne Erfahrung, ein Typ, der mit dem Strom schwimmt und nie die Initiative ergreift.

Dabei unternehme ich doch solche Anstrengungen, mich einzugliedern! Ich habe zum Beispiel gerade Natacha ihre »taktische Weste« abgekauft, für 30 Euro. Dieses ärmellose Ausrüstungsstück mit seinen vielen Taschen verfügt außerdem über eingenähte Polyethylenplatten, die Unterleib und Brustkorb schützen. Alle meine Kollegen tragen auf Streife so eine Weste. Auf dem Rücken habe ich den großen rechteckigen, reflektierenden Aufnäher *POLICE* angebracht.

Außerdem habe ich mir eine App namens Actu 17 auf das Smartphone heruntergeladen, einen Nachrichtenaggregator, der bei den Kollegen vom Revier sehr beliebt ist. Ich müsste mir auch eine bessere Taschenlampe zulegen als die Maglites der Dienstausrüstung. Oft sind zu wenige da, und einige funktionieren schon nicht mehr. Außerdem würde ich mir gerne bessere Handschuhe besorgen. Allerdings alles auf eigene Kosten. Meine Kollegen bezahlen diese Ausrüstung auch aus eigener Tasche.

Der Appell geht zu Ende.

»Willst du fahren, oder soll ich?«, fragt Stan im Hinausgehen. Er hat offensichtlich keine Lust, mich fahren zu lassen, wie es eigentlich vorgesehen ist.

»Wie du willst«, erwidere ich missmutig.

Auf dem Weg nach draußen durch die Gänge gehe ich hinter Stan und habe den Eindruck, es mit einem Star zu tun zu haben. Andere Flics kommen auf ihn zu, wollen mit ihm reden, ihm die Hand schütteln. Stan ist wie ein Feudalherr, um den sich ein Gefolge sammelt. Wir erreichen die Garage, und Stan schiebt sich hinter das Steuer des Peugeot 208.

KAPITEL 39

»Der Typ da! Da vorn! Der haut ab!«

100 Meter vor uns will sich einer absetzen. Er war uns schon vor einer Viertelstunde aufgefallen. Er verdrückte sich, als wir mit unseren Personenkontrollen anfingen. Mit Loïc zusammen mache ich mich an die Verfolgung durch die Straßen des Arrondissements.

Anfangs bleibe ich noch hinter dem Kollegen. Es ist das erste Mal, dass ich jemandem hinterherrenne. Im Polizistenjargon heißt das *une courette* – ein Wettrennen. Es ist nicht einfach, mit den schweren Einsatzstiefeln an den Füßen und dieser hinderlichen taktischen Weste zu rennen. Ich darf auf keinen Fall das Funkgerät fallenlassen, damit würde ich zur komischen Figur, wie Pierre Richard als *Großer Blonder mit dem schwarzen Schuh*.

Stan gibt über Funk den Weg durch.

»Courette – Richtung Porte d'Aubervilliers. Zielperson ist schwarz gekleidet mit blauem Rucksack.«

Nach einigen Metern gelingt es mir, den Kollegen zu überholen. Ich werde es ihm zeigen, werde ihm, mir und Stan beweisen, dass ich doch keine Null bin.

Der Flüchtige läuft quer über den Kreisverkehr an der Porte de la Villette, stürzt sich mitten ins Gewühl der Autos und sprintet in Richtung Aubervilliers. Das ist außerhalb unseres Zuständigkeitsbereichs, aber was soll's. Ich halte die Geschwindigkeit, überquere die Straße im Zickzack zwischen den Autos. Wenn er wegläuft, hat der Typ vielleicht auch Grund dazu. Shit oder Koks im Rucksack oder einen Ausweisungsbescheid. Oder er hat bloß Angst vor der Polizei.

Wenn ich ihn stellen kann, wird das mein Ruhmestag. Ich hätte dann ganz alleine einen Typen geschnappt und wäre des Lobs der ganzen Brigade sicher. »Gendrot? Guter Flic«, werden sie sagen. Ich ignoriere diesen Wunsch nach Anerkennung. Ich sollte mich eher darüber mokieren. Schließlich bin ich hier, um ohne Tabu über den Alltag hier zu berichten, nicht, um mir Bewunderung oder Respekt der Kollegen zu verschaffen. Und dennoch spielt es eine Rolle.

Vielleicht leide ich am Musterschülersyndrom. Ich will mich unbedingt integrieren, und wenn man die anderen nachmacht, verinnerlicht man unweigerlich auch ihren Verhaltenskodex. Ich habe das bereits bei meinen vorherigen Undercoveraufträgen erlebt. Die meiste Zeit *spielt* man nicht den vorbildlichen Mitarbeiter, es ist keine Komödie, sondern man *wird* zum vorbildlichen Mitarbeiter.

Und jetzt sagt mir der vorbildliche Mitarbeiter in mir auf einmal, dass ich unbedingt diesen Unbekannten fangen muss, der vor mir davonläuft. Warum er davonläuft, ist unwichtig.

Erst mal muss ich ihn allerdings kriegen. Und wenn ich ihn einhole, wie soll ich ihn stoppen? Ich könnte in ihn hineingrätschen wie beim Fußball. Aber nein, dann verletze ich ihn womöglich …

Und dann stehe ich auf einmal alleine auf dem Boulevard und habe ihn aus den Augen verloren. Wo ist der Typ hin? Scheiße. Ich bekomme kaum noch Luft.

»Er ist in Richtung Markt gelaufen«, meint ein hilfreicher Passant.

Stan, der mit dem 208 im zähen Verkehr steckt, kommt zu spät. Loïc auch. Allgemeiner Aufmarsch der Polizei. Eine weitere Streife rast los, noch eine. Der Typ bleibt unauffindbar. Wo ist er hin, verdammt?

Stan besteht darauf, weiter alles abzusuchen. Wir schwärmen in die umgebenden Straßen aus, kehren schließlich wieder in die zurück, in der wir ihn verloren haben. Die Spur ist tot, den finden wir nicht mehr. Ich lasse mich schweißgebadet auf die Rückbank fallen. Stan ist wütend:

»Weitersuchen, der kann nicht weit gekommen sein!«

KAPITEL 40

Rodrigue postet in unserer WhatsApp-Gruppe den Bildschirmschnappschuss eines Macarons[29] mit der Überschrift »Bilanz der Schande«. Es geht um die aktuellen Selbstmordziffern des laufenden Jahres bei den Ordnungskräften im weiteren Sinne: neun bei den Gendarmen, zwei bei den Gefängnisaufsehern, drei im Militär, sieben bei der Gemeindepolizei, einer bei der Staatseisenbahn SNCF, keiner beim Zoll. 43 bei der nationalen Polizei. Insgesamt 65. Letztes Jahr betrug der Endstand 88 Tote durch Selbstmord.

Der Kollege schreibt in den Thread: »Das geht so nicht weiter. Lasst uns mal zusammen grillen.«

Einen Monat zuvor, am 30. Mai 2019, brachte France Info die Meldung, dass Éric Morvan, der amtierende Chef der französischen Polizei, ein Memo an die Leiter aller Polizeibehörden gerichtet hatte, in dem er eine »Mobilmachung gegen den Selbstmord« forderte. Der Chef der Chefs wollte für seine Truppen mehr Anerkennung, mehr Gehör bei den Vorgesetzten und mehr Zusammengehörigkeitsgefühl erreichen.

29 Frz. *macaron* (ein kleines Gebäck), offenbar als Anspielung auf Staatspräsident Macron. (A. d. Ü.)

Die Offiziere wurden ermuntert, für Dekorationen in den Diensträumen zu sorgen, einen »feierlichen Rahmen« zu schaffen und auf keinen Fall »in unpersönliche Distanziertheit« zu verfallen. Er erinnerte an *Radio Police*, ein geschlossenes soziales Netzwerk, auf dem Polizisten unter sich offen miteinander reden können, und zu guter Letzt empfahl das Memo noch, »gemeinsame Feiern zu organisieren, etwa ein Grillfest, ein Sportturnier oder ein Picknick«.

Das Grillfestmemo, wie es inzwischen heißt, ist bei den Kollegen zum Symbol des Unverständnisses der Polizeiführung für die Basis geworden. Sebastian Roché, der Soziologe, der sich auf die Polizei spezialisiert hat, sagt es nicht anders: »Die Politik kümmert sich nicht ausreichend um die spezifischen Belange des Polizeiberufs. Die größte Gefahr für den Polizisten ist nicht der Kriminelle, sondern der Selbstmord.«

KAPITEL 41

Nach nunmehr vier Monaten als Undercoverreporter bei der Polizei bin ich in eine graue Routine verfallen. Ich weiß schon vor jedem viertägigen Zyklus, dass ich mit einer oder zwei Schichten als Torwache, einer oder zwei weiteren als Zellenaufsicht und einer einzigen draußen auf Streife rechnen kann.

Heute stehe ich wieder vor dem Eingang Wache. Oft zusammen mit denselben Kollegen – Hilfspolizisten, Wachtmeister auf Probe, wie Ludo oder Marvin. Mit ihnen komme ich gut zurecht. Wir reden, machen Witze. Ich habe es geschafft und bin akzeptiert. Meine Kollegen halten mich inzwischen für einen der ihren. Ich habe mit ihnen Fußball gespielt, sogar mehrmals – eine gute Gelegenheit, mich ein bisschen hervorzutun, wenn es schon auf Streife nicht klappt. Ich bin bestimmt nicht der beste Flic im 19. Arrondissement, aber wenigstens lache ich über ihre Späße.

Im Grunde weiß ich nämlich, dass ich mich gar nicht so sehr von ihnen unterscheide. Diese Flics erinnern mich an meine Heimat. Oft kommen sie aus der Provinz wie ich und auch sehr oft aus der Unter- oder Mittelschicht wie ich. Ich muss mich nicht sehr verstellen, um ihre Verhaltensmuster zu übernehmen. Ihre Kultur ist die meiner Kumpels aus der Grundschule und vom Collège, die der Jungs aus der Fußballmannschaft zu Hause, mit denen ich mich schon als Jugendlicher getroffen habe.

Diese Nähe trifft bei mir einen wunden Punkt, ein nie überwundenes Gefühl, das Gefühl, nirgends dazuzugehören. Ich bin zu gebildet für die Menschen zu Hause und zu prollig für die Welt der Pariser Journalisten.

Meine Methode in einer fremden Umgebung, eher ein Instinkt als eine Methode, ist immer dieselbe: Klappe halten. Auf dem Polizeirevier halte ich mich aus den Fraktionskämpfen heraus. Es gibt auf der einen Seite den Clan von Stan und seinen *chasseurs*, auf der anderen die Anti-Stans mit Toto an der Spitze. Dass ich nie was sage und nichts weitererzähle, gerät mir hier zum großen Vorteil. So kann ich mit beiden Fraktionen auf gutem Fuß stehen.

Am Haupteingang zum Polizeirevier tut sich nie viel, aber man kann gut beobachten und sich austauschen.

Ein Flic, den ich nicht kenne, erzählt Ludo: »Neulich abends war ich bei einer Tusse. Sie hat mir einen geblasen, ich hab abgespritzt, und danach war ich vielleicht geschafft, Junge! Aber die Mühe war's wert!«

Der Flic geht seines Wegs, ein Lächeln auf den Lippen. Sexuelle Erlebnisse zu erzählen – reale oder eingebildete – gehört zur unverzichtbaren Routine des Männlichkeitsgehabes. Um nicht aufzufallen, muss ich mitmachen, auch wenn ich gewöhnlich so schamhaft bin, dass ich den Gegenstand vermeide, selbst bei meinen Kumpels von früher. Eines Abends bei Schichtschluss habe ich den Kollegen lässig hingeworfen, dass ich gleich mit einer Tusse pennen werde. Am nächsten Morgen hat mir ein Kollege auf die Schulter gehauen und gefragt: »Alles klar, Champion? War's schön gestern?«

Jetzt stehe ich hier alleine mit Ludo. Mein Kollege erzählt mir auf einmal aus seiner Kindheit.

»In der Oberstufe, auf dem Gymnasium, war ich ein Asozialer. Ich war ein Schwächling, ich hatte Schiss. Ich hing mit den falschen Leuten rum.«

Mit einem Fachabitur in Telekommunikation in der Tasche ging Ludo zur Armee, wie schon sein Vater und sein Bruder. Er wollte zu den Fallschirmjägern, aber sein Sehvermögen reichte nicht aus. Also landete er bei der Infanterie.

»Da habe ich mich zusammengerissen. Es hat mich so angekotzt.«

Ludo erzählt mir von den Nachtmärschen im Wald, der Disziplin.

»Die Polizei ist dagegen ein Kindergarten. Auf der Polizeischule hatten wir Ausbilder, die dir drei oder vier Versuche gaben. Bei der Armee musstest du alles beim ersten Mal richtig machen, sonst wurde die ganze Einheit bestraft. Da hast du schnell gelernt.«

»Aber auf der Polizeischule war die Disziplin auch ziemlich hart, oder?«

»Ach, überhaupt nicht. Nicht im Vergleich zur Armee.«

Marvin und ein paar Kollegen gesellen sich mit einem Becher Kaffee in der Hand zu uns. Toto kommt dazu. Er ist gereizt. Stan und seine Streife haben gerade einen Fang gemacht. Sie sind zufällig an eine Gruppe von fünf Jugendlichen geraten, die ein Paar AirPods geklaut hatten, kabellose Kopfhörer von Apple. Stan und seine Jungs haben nach einer Verfolgungsjagd zwei der Täter zur Strecke gebracht.

»Der hat immer Glück«, knurrt Toto. »So viel Glück, das gibt's gar nicht.«

Er geht mit Marvin wieder auf Streife, ich bin alleine mit Ludo. Der hat am Vortag gerade die vorgeschriebene Wiederholungsprüfung für die Berechtigung zum MG-Schießen abgelegt. Von Viertel nach acht bis halb zwei mussten die Prüflinge ihre Befähigung demonstrieren, mit dieser Waffe umzugehen.

»Eine Tusse war dabei, die's geschafft hat, in die Decke zu schießen … Ernsthaft, mir ist ein Rätsel, wie man so ungeschickt sein kann.«

Ich sage nichts und verrate vor allem nicht, dass ich das auch schon geschafft habe.

Heute, als Wachhabender am Haupteingang, trägt Ludo seine MP in den muskulösen Händen.

»Wann kommt jetzt endlich der Terrorist? Er hat versprochen, dass er vorbeischaut«, jammert er theatralisch.

»Vielleicht ist ihm etwas dazwischengekommen. Hast du seine Telefonnummer?«

»Ja klar. Ich würde ja gerne mal losballern. Feuer!«

Grinsend visiert er erst einen Bauarbeiter an, dann eine Passantin, schließlich eine Taube.

»Jedenfalls, dass du's nur weißt, falls mir je wirklich einer von diesen Typen unterkommt, habe ich eine Patrone im Lauf, aber die Waffe ist gesichert.«

Unsere automatischen Waffen mit 30er-Kurvenmagazin haben vier Feuerwahlstellungen – erstens gesichert, zweitens feuerbereit für einen Schuss, drittens feuerbereit für zwei Schuss oder viertens feuerbereit für Dauerfeuer.

»Das andere Magazin habe ich in der Tasche«, verrät mir Ludo.

»Warum nicht«, sage ich, um etwas zu sagen.

»Das ist eigentlich verboten, deswegen. Außerdem darf man nach den Vorschriften auch keine Patrone im Lauf haben. Das ist idiotisch, wenn du mich fragst. Der Polizeipräfekt – zumindest der alte – wollte das nicht, damit nicht aus Versehen ein Schuss losgeht. Der neue hat aber wohl nichts dagegen, er hat's nur noch nicht offiziell gesagt.«

*

Bei Schichtende tun Ludo die Handgelenke weh. Die MP ist schwer. Der Terrorist wird heute nicht mehr vorbeikommen. Der Kollege wird lediglich eine Abfolge von Leuten durchgewinkt haben, die entweder Anzeige erstatten oder eine Verlustmeldung aufgeben wollten, weil sie ihren Personalausweis, ihren Reisepass oder ihre Aufenthaltsgenehmigung nicht mehr finden können.

Wir langweilen uns. Es ist viel zu heiß, kein Mensch kommt aufs Revier. Ich schwitze unter meiner kugelsicheren Weste. Plötzlich knattert das Funkgerät los.

»Wir werden beschossen!«, brüllt ein Flic von der GSQ aus dem Lautsprecher.

Auf dem Revier bricht Tumult los. Ich darf mich nicht von meinem Posten rühren und bin frustriert.

Toto steigt in den Streifenwagen, lässt die Sirene aufheulen, braust mit quietschenden Reifen los. Das weitere Geschehen höre ich über Funk mit, wie eine Fußballreportage im Radio.

»Achtet auf eure Köpfe, die zielen auf die Autofenster!«, ruft ein Kollege aufgeregt.

Der Zugriff wirkt massiv. Man hört Schreie im Funkgerät.

Wenige Minuten später setzt eine Streife zwei Flics von der GSQ vor dem Revier ab, die zwischen sich einen jungen Mann mitschleppen, der angeblich die Schüsse abgegeben haben soll. Sein Motorroller wird gleich darauf mit einem zweiten Mannschaftswagen nachgeliefert.

Aber schon kurz darauf kommt Toto zu uns hinaus und stöhnt schon wieder.

»Sie haben ihn nicht auf frischer Tat ertappt. Nichts nachzuweisen, nichts zu machen.«

KAPITEL 42

Stans bester Kumpel auf dem Revier heißt Charles alias Charly. Die beiden waren zusammen auf der Polizeischule. Charly hat seinen Spind nahe bei meinem. Vor Schichtbeginn unterhalten wir uns ein bisschen. Er ist lustig, freundlich, ein breitschultriger Typ. Mit seinem Stiernacken sieht er aus wie ein Rugbyspieler.

»Ich mache den Job jetzt seit sieben Jahren und erlebe immer noch neue Verbrechen«, plaudert er. »Ich dachte, hier im 19. hätte ich alles gesehen, aber nein. Wenn ich meiner Mutter davon erzähle, meint sie immer, ich übertreibe. Stimmt aber gar nicht. Wo bist du heute eingeteilt, Großer?«

»Zellenwache.«

»Hey, dann sind wir zusammen!«

Ich bin vor ihm mit Umziehen fertig, also hole ich uns schon mal zwei Becher Kaffee, bevor wir den Dienst antreten. Ich verstehe mich gut mit Charly.

Ich bin der erste an der Pritsche. Es ist 6:02 Uhr. Ich löse die beiden Kollegen von der Nachtschicht alleine ab und warte auf Charly.

»Elf Insassen zurzeit«, erklärt mir einer der beiden von der Nachtschicht. »Drei Brüder sind dabei. Einer hat über 300 Piepen bei sich, wir haben das Geld im Safe untergebracht. Die beiden anderen haben ungefähr je 100 dabei. Die sind alle ziemlich ruhig. Außerdem noch vier Volljährige.«

»Okay.«

»Dann haben wir noch einen durchgedrehten Besoffenen da.«

»Okay. Und der Typ da auf der Bank?«

»Der ist noch durchgedrehter, ein Verrückter. Eigentlich sollte er gestern um fünf zur Untersuchung in die Psychiatrie, aber es wusste keiner, wer ihn abholen sollte. Also ist er hiergeblieben. Gestern hat er einen Kollegen gebissen und in der Nacht unter sich auf den Boden gepisst. Außerdem brüllt er von Zeit zu Zeit los, das merkst du noch.«

Vor solchen unberechenbaren Gestörten habe ich immer Angst. Was, wenn er einen Wutanfall bekommt?

Die Zellen des Reviers sind kaum zur Hälfte belegt. Mit elf Gewahrsamshäftlingen haben wir eine entspannte Schicht vor uns. Gute Gelegenheit, miteinander zu reden. Charly setzt sich zu mir, füllt ein paar Formulare aus und beantwortet bereitwillig meine Fragen.

»Ich war viereinhalb Jahre lang ADS. Zuerst bei der Verkehrsüberwachung, dann habe ich mich am Knie verletzt und bin als Zellenwache ins 20. Arrondissement versetzt worden. Das habe ich acht oder neun Monate gemacht. Da habe ich ein paar Leuten die Fresse eingeschlagen, aber so richtig, mein lieber Mann!«

Er beginnt einen langen Bericht darüber, wie er irgendwelchen Typen beim geringsten Anlass eine reingehauen hat. Einer, so erinnert er sich, blutete nach den Prügeln, die er von Charlys Kollegen kassiert hatte, so stark, dass Charly mit Schrubber und Wischtuch die Spuren beseitigen musste.

»Wenn meine Chefin die Tür öffnete und einen Typen mit zerschlagener Fresse sah, hat sie immer bloß gesagt, ›Huch, ich komme lieber später noch mal wieder‹.«

Charlys Anekdoten lassen mir das Blut gefrieren, ich habe Mühe, äußerlich lässig zu bleiben. Lange ertrage ich die allgegenwärtige Gewalt im Polizeialltag nicht mehr. Vor allem erstaunt mich, abgesehen davon, wie schnell die Kollegen gewalttätig werden, wie unverletzlich sie sich dabei fühlen. Als ob es keine Offiziere, keine Vorgesetzten gäbe, die sie beaufsichtigten. Als ob ein Polizist sich aussuchen könnte, ganz nach Belieben und wie es ihm gerade passt, ob er zuschlägt oder nicht.

»Einmal hatten wir 6000 Gewahrsamshäftlinge im Jahr, und von denen haben wir fast die Hälfte verprügelt.«

Ich frage mich, ob er da nicht bloß angibt. Meint er das ernst? 3000 Mann in einem Jahr zusammenschlagen, das ist viel, sieben oder acht pro Tag. Gedankenlos öffne ich die App Actu 17. »Schau mal, die Täter vom Überfall auf die Kollegen, die gerade von der Schicht kamen, sind gefasst worden«, melde ich Charly.

»Sind die Kollegen verletzt worden?«

»Ja, ein gebrochener Knöchel und mehrere Tage Arbeitsunfähigkeit.«

»Die gehören nicht in Haft, diese Typen, die gehören in einen Kofferraum«, knurrt der Kollege.

Die weiteren Nachrichten auf Actu 17 machen mir noch mehr Angst. »Gendarm überfahren: Fünf Jahre Haft für Raser«; »Die Kleider vom Leib gerissen und vergewaltigt: Angriff auf junges Mädchen in Keller«. Da kann man wirklich Verfolgungswahn bekommen.

Charly weist mich auf ein neues Buch hin.

»Weiß nicht, ob du das schon kennst? Heißt *Die Angst hat die Seiten gewechselt*, von einem Journalisten.[30] Ploquant oder Ploquin, keine Ahnung. Du wirst sehen, was der erzählt, ist genau das, was wir hier jeden Tag erleben, total realistisch!«

Ich weiß genau, welches Buch der Kollege meint, weil ich ein Interview mit dem Autor gehört habe. Frédéric Ploquin, ein Reporter, hat Erlebnisberichte von Polizeibeamten gesammelt, um zu berichten, wie sehr sie sich als Zielscheiben und auf ver-

30 Frédéric Ploquin, *La peur a changé de camp*, Paris: Albin Michel, 2018.

lorenem Posten fühlen. »Tag für Tag, Nacht für Nacht, treten Polizisten mit Angst im Bauch ihren Dienst an. Gegenüber Paten und Clanchefs aller Art sehen sie sich machtlos«, schreibt er.

Gegen Schichtende wird eine Gruppe Jugendlicher in Polizeigewahrsam eingeliefert. Einen davon erkenne ich wieder: Er war in der Woche zuvor schon mal bei uns. Ich gehe mit ihm reden.

»Capron?«

»Was?«, fragt die lang aufgeschossene dünne Gestalt auf der Matratze zurück.

Er hat diesen Haarschnitt, wie er jetzt in Mode ist, mit rasierten Schläfen und oben auf dem Kopf zu einem Zöpfchen gebundenen Haaren.

»Wieder da?«, lächle ich. »Du suchst wirklich Ärger, Großer.«

Er steht auf und erklärt mir in drei Sätzen, wie es dazu gekommen ist. In der Woche zuvor wurde er mit einer Vorladung vor Gericht entlassen. Gerade eben ist er wegen gemeinschaftlichen Diebstahls eines Tablets und eines MP3-Players erneut hier gelandet.

»Diesmal habe ich aber nichts gemacht«, verteidigt er sich.

»Dir ist dein Leben wirklich scheißegal, was?«

Noch vor ein paar Monaten hätte ich mich auf keinen Fall so ausgedrückt. Ich erkenne mich selbst nicht wieder. Ich teile zwar keine Ohrfeigen aus, aber ich habe ein komisches Gefühl. Ich werde ein Flic wie alle anderen, unsensibel und desillusioniert.

KAPITEL 43

Schon wieder ein Haufen WhatsApp-Benachrichtigungen.

Bullitt: in toulouse hat sich wieder ein kollege umgebracht. Aufgehängt

Natacha: Oh wird ja immer schlimmer

Benjamin: Naja schlimmer ich weiß nicht

Bullitt: er war gerade 24 Monate ohne Bezüge vom Dienst suspendiert worden. Disziplinarverfahren

Am Donnerstag, dem 20. Juni 2019, hat ein 45-jähriger Polizeibeamter seinem Leben ein Ende gemacht. Er hat sich zu Hause umgebracht. »Die Gewerkschaft drückt ihren Schmerz und ihre tief empfundene Trauer aus. Sébastien hinterlässt drei Kinder. Wir trauern mit ihnen und seinen Freunden, seiner Familie, seinen Angehörigen und seinen Kollegen«, schreibt die Polizeigewerkschaft Unité SGP Police FO auf ihrer Facebook-Seite.

Zwei Tage zuvor hatte der Polizist vor einer Disziplinarkommission gestanden, wegen »versuchter Bestechung«. Er soll mit einer kleinen finanziellen Aufmerksamkeit versucht haben, eine Versetzung zu erreichen. Wie war die Lage dieses Kollegen? Wollte er rechts überholen oder entkommen? Die Stellungnahme der Behörde gibt kaum Informationen preis. In welchem anderen so schlecht entlohnten Beruf bezahlt jemand für eine Versetzung aus eigener Tasche?

Tacos: Das ist ja ein Massensterben

Farid: Unglaublich

Natacha: Ach ist doch normal dass der durchdreht … Gibt nichts schlimmeres als pleite sein. Dreckige Arschlöcher in der Behörde. Die sind unmenschlich

Ludo: Ach wart doch erstmal ab warum er suspendiert wurde

Natacha: Ist doch scheißegal … Wenn du einfach gefeuert wirst hast du wenigstens eine Chance einen neuen Job zu finden. Wenn du suspendiert wirst mit Bezügen oder mit der Erlaubnis zu arbeiten, auch gut. Aber wenn du ohne Bezüge suspendiert wirst hast du kein Einkommen und darfst auch nicht arbeiten gehen weil du ja Staatsbeamter bist

KAPITEL 44

Am 27. Juni 2018 verabschiedet der französische Senat einen Bericht mit dem Titel »Die Missstände in der inneren Sicherheit überwinden: eine nationale Aufgabe«. Nach den üblichen düsteren Beschwörungen der »gesunkenen Moral bei den Ordnungskräften« weisen die Senatoren auf die »Problematik der Alltagsbewältigung« bei den Polizisten im Großraum Paris hin.

Der Untersuchungsausschuss des Senats dokumentiert, dass »kürzlich aufgetretene Fälle in Paris, in denen Polizisten gezwungen waren, zu fünft und mehr auf 20 Quadratmetern zu wohnen, wobei diejenigen von der Tag- und der Nachtschicht abwechselnd in denselben Betten schliefen, während andere sogar im Auto übernachten mussten, nicht außergewöhnlich sind«.

Der Bericht führt weiter »eine Kombination von Problemen an, die auf die Eigenheiten des Berufs zurückzuführen sind«: häufige Konfrontation mit dem Tod, ungünstige Arbeitszeit und Schichtarbeit, vielfach unterdrücktes Heimweh, stark gestiegene Arbeitsbelastung (»hervorgerufen durch neuartige Bedrohungsfaktoren – starke terroristische Gefahr, Migrationsdruck in bisher unbekannter Höhe und vermehrte Kritik durch die Öffentlichkeit«) und zunehmende Gewalttätigkeit gegen Polizeibeamte im Dienst. Diese wenig erfreuliche Aufzählung ergänzt er noch durch »Unsicherheit wegen ständig wechselnder Vorgesetzter und Dienstvorschriften«.

Auch die Verwaltung der französischen Polizei wird aufs Korn genommen: Sie sei zu weit von der Realität und den Problemen des Dienstalltags entfernt und trage damit zur Sinnkrise und dem Motivationsverlust der Polizisten bei. Das Vertrauen in die Justiz unterliege, stellt der Bericht offen fest, einer spürbaren Erosion.

Die im Titel des Berichts genannten Missstände in den Ordnungskräften erscheinen plötzlich als sanfter Euphemismus für sehr viel tiefer reichende katastrophale Zustände.

In der psychiatrischen Ambulanz, so erinnere ich mich aus meiner Dienstzeit dort, gab es einen ADS, der illegal einen Nebenjob ausübte – er arbeitete schwarz beim Sicherheitsdienst des Parc des Princes –, um am Monatsende über die Runden zu kommen. Und ich erinnere mich an einen selbstironischen Satz meines Kollegen Jérémy von der I3P: »Polizisten sind Kriminelle, die den Absprung nicht geschafft haben.«

2019, das Jahr meiner Undercoverreportage im Polizeirevier, ist auch das Jahr der Uraufführung von *Les Misérables*, einem Kinofilm unter der Regie von Ladj Ly, der beträchtliches Aufsehen erregt und über zwei Millionen Besucher ins Kino lockt. Der Schauplatz: Clichy-Montfermeil, ein sozialer Brennpunkt im Großraum Paris. Eine Gruppe BAC-Polizisten begeht eine Gewalttat; die Szene wird von einer Kameradrohne mitgefilmt; die Polizisten verbringen den Großteil des Films damit, alles daranzusetzen, das Video an sich zu bringen, um ihre Tat zu vertuschen, und zwar mit Erfolg. Dieser ultrarealistische Film, der auf dem Festival in Cannes eine Auszeichnung für das Beste Drehbuch erhielt, stellt die Lebensbedingungen der Vorstadtbewohner denen der drei Flics gegenüber, die die Hauptrolle spielen.

Die Zeitschrift *Elle* hat den Regisseur dazu befragt; Ladj Ly antwortet ohne Umschweife: »In *Les Misérables* sieht man, dass es den Polizisten oft auch nicht besser geht als den anderen …

Wenn du dir ihr Leben anschaust, siehst du, was das für ein Elend ist. Sie wohnen in Sozialwohnungen, ihr Gehalt ist erbärmlich, sie sind allesamt depressiv. In der Vorstadt haben die Leute im Grunde ein schöneres Leben!«

»Elend.« So hat es auch Bullitt nach dem Selbstmord unseres Kollegen vom Revier ausgedrückt.

Stellen Sie sich einen Arbeitsplatz vor, an dem alles um Sie herum schäbig und defekt ist: Ihre Dienstwagen, Ihre Arbeitsräume, sogar Ihre Ausrüstung. Um das Maß vollzumachen, tragen Sie eine Uniform, die bei vielen Menschen, denen Sie begegnen, Feindseligkeit auslöst. Sie werden auf die Schnelle ausgebildet, in chaotische Situationen geworfen und sollen dazu noch so arbeiten, dass Sie oft absurde Leistungsstatistiken hochtreiben.

Sie laufen also schon auf ziemlich dünnem Eis, und dann legen Ihnen die Vorgesetzten noch ein paar Lasten auf die Schultern: Sie müssen beeindruckend wirken und sich vorbildlich verhalten, nach der berühmten Abkürzung *Diiler* aus der Polizeischule: *Dignité, integrité, loyauté, exemplarité et respect absolu des personnes* (»Würde, Integrität, Loyalität, Vorbildlichkeit und bedingungsloser Respekt vor den Mitmenschen«).

Ist es vernünftig, die Hüter des Gesetzes auf die Schnelle auszubilden, ihnen miserable Arbeitsbedingungen zuzumuten und dann von ihnen vorbildlich tugendhaftes Verhalten zu erwarten? Natürlich nicht. Das ist weder vernünftig noch realistisch.

Während meiner Zeit als Undercoverreporter bei der Polizei ist mir etwas klargeworden: Theoretisch sollen die Flics ja Gewalt, Rassismus und Sexismus in der Gesellschaft bekämpfen. In der Praxis sind sie oft die Speerspitze dieser Übel. Über die Ursachen kann man sich streiten, aber nicht darüber, dass es so ist. Auf einem Polizeirevier herrscht eine Atmosphäre wie in der Umkleidekabine beim Fußball, eine sehr männliche Atmosphäre, in der Gewalttäter geduldet und nur selten bestraft werden. Denn man muss mit den Leuten arbeiten, die man nun mal hat. Mit dem, was einem zur Verfügung steht.

Wenn also einer der Kollegen ausrastet, halten die Flics zusammen und schützen ihn, und die Vorgesetzten verfolgen das, was sie als »Einzelfall« betrachten, lieber nicht weiter. In den meisten Fällen haben diese Vorgesetzten auch gar keine andere Wahl, als die Fehler der Männer und Frauen vor Ort zu decken, weil sie Unmögliches von ihnen verlangen.

KAPITEL 45

Ich bin wieder auf Streife mit dem Major. In seiner Mannschaft habe ich zwei Möglichkeiten: Entweder bin ich der Fahrer, oder ich sitze hinten in der Karre, wie heute Morgen. Es ist absurd, um 4:25 Uhr aufzustehen, nur um Strafzettel zu verteilen. 7:10 Uhr. Karine, unsere Fahrerin, lässt den Renault Mégane ohne Innenspiegel langsam durch die Straßen rollen. Die Stoßstange ist eingedellt, seit wir zu schnell über eine Bremsschwelle gebrettert sind. Wir warten seit drei Wochen darauf, dass sie repariert wird.

»TN19 für TVTJ.«

»TVTJ hört«, meldet sich der Major.

»Ab 7:30 Uhr haben Sie Sicherungsdienst am Millénaire-Steg.«

»Verstanden.«

Die absurden Einsätze der Polizei. Die Befehle kommen von oben, man kann sie nicht ignorieren. Es ist sinnlos, sich darüber zu beschweren oder nachzufragen. Nachdenken ist schon Ungehorsam. Als Hilfspolizist bekomme ich dauernd solche Aufträge. Am Samstagvormittag vor einer Woche lief ich mit Toto um den Gare-Rosa-Park herum. Nicht einmal eine Katze war auf den Straßen unterwegs. Wir waren völlig überflüssig. Später sollten wir auf dem Marktplatz von Belleville Streife gehen. Es war Mittag, heiß, der Platz verlassen. Wir saßen sinnlos im Streifenwagen, kamen uns wie Idioten vor. Ein Kollege hat erzählt, dass er einmal stundenlang den Straßenkehrern zugeschaut hat, wie sie Müll aufsammelten. Man kann diesen Beruf nicht immer sinnvoll finden.

Heute sollen wir also an der Einmündung eines Stegs Wache halten. Es ist eine Brücke mit Laufplanken aus Holz, auf der ein paar Passanten zu sehen sind. Es geht darum, die Örtlichkeit zu überwachen. Es kommt hier oft zu Überfällen und Raubdiebstählen. Aber morgens um halb acht gibt es hier nur Leute, die zur Arbeit wollen.

»Major, soll ich erst bis zum La-Villette-Kreisverkehr fahren, um ein bisschen Zeit rumzubringen?«, fragt Karine ganz offen.

»Fahr nur.«

Wir gondeln dahin, einmal um den Kreisverkehr, dann durch andere Hauptverkehrsstraßen, mit 20 oder 25 Stundenkilometern. Rue Émile-Bollaert, Rue d'Aubervilliers, Boulevard McDonald. Wir wissen alle, dass wir sinnlos herumfahren. Um 7:25 Uhr macht sich Karine auf den Rückweg. Dann liegt der Steg vor uns, das Ziel unserer Mission. Er ist von einem kleinen stillen Park und einer verlassenen Straße umgeben. Wir bleiben im Wagen.

Durch die beschlagenen Fenster beobachten wir das Kommen und Gehen der ersten Passanten, um polizeiliche Präsenz zu demonstrieren. Das nennt sich Anwesenheit zeigen, die Anwohner beruhigen.

»Ziemlich ruhig heute Morgen«, meint der Major.

»Ja, es ist schon die ganze Woche nichts los«, bestätigt Karine.

»Dann auch noch Ramadan …«

Nach fünf Minuten Überwachungseinsatz sichern wir gar nichts mehr. Jo, der Flic, der rechts neben mir sitzt, schaut sich Videos auf seinem Smartphone an. Ich tausche Textnachrichten mit meinem Kumpel La Merguez aus. 7:40 Uhr. Im Radio singt Mylène Farmer: »Tu t'entêtes à te foutre de tout, mais pourvus qu'elles sont douces. D'un poète tu n'as que la lune en tête, de mes rondeurs, tu es K. O.«

Wir sitzen da und warten. Jetzt singt George Michael »Wake Me Up«, und über Funk hören wir, dass die Kupplung des Mannschaftswagens den Geist aufgegeben hat. Er kam gerade aus der Werkstatt, dorthin fährt er jetzt auch wieder. Die PS Alpha sitzt auf der Straße, an der Einfahrt zur Rue de Belleville, und hat kein Fahrzeug mehr. Es ist eine richtige Aktion, bis die Kollegen abgeholt, aufs Revier zurückgebracht und auf andere Fahrzeuge verteilt sind. Wir rühren uns nicht, wir können ja schließlich unseren extrem wichtigen Sicherungseinsatz nicht abbrechen.

Es ist 7:54 Uhr.

»Fahren wir zurück?«, fragt Karine den Major.

»Nein, warten Sie bis Punkt acht.«

Noch sechs Minuten.

Karine starrt ins Leere. Ich bekomme schlechte Laune von diesem Herumhängen hier.

Acht Uhr.

»Major für TN19«, spricht der Major ins Funkgerät.

»TN19 hört.«

»Sicherungseinsatz am Millénaire-Steg beendet. Wir rücken ab.«

»Verstanden, danke!«

Karine startet den Mégane. Wir brechen auf zu neuen Strafzettelaktionen und einem Obdachlosen, den wir aus der Eingangshalle eines Mietshauses scheuchen.

KAPITEL 46

»Du arabischer Arschficker. Du bist hier nicht zu Hause, hier werden die Frauen gefälligst respektiert!«

Bullitt brüllt im Zellengang auf einen Mann ein, der gerade eingeliefert worden ist. Er wird verdächtigt, in der Nacht zuvor eine Frau vergewaltigt zu haben. Der Fall ist zu wichtig für uns, er wird an die Justizpolizei überstellt.

»Wenn du keine Ruhe gibst, hast du meine Faust in deiner arabischen Arschfickerfresse, hast du das kapiert?«

Bullitt rülpst. Er starrt dem Mann geradewegs in die Augen, nahezu Stirn an Stirn mit ihm. Der Mann, mit Handschellen an die Bank gekettet, wagt sich nicht zu rühren. Ich beobachte die Szene mit einer Gelassenheit, die mich erstaunt, als ob ich mich an die Wutausbrüche meines Kollegen gewöhnt hätte.

»Er ist ja auch ein echtes Vorbild, was den Respekt vor Frauen angeht«, brummelt Stan im Vorbeigehen.

»Streife PS Alpha, wo seid ihr?«, schreit Bullitt, heute mein Streifenführer. »Aha! Auf geht's! Abmarsch, verdammt! Und meine Tusse, wo steckt meine Tusse wieder?«

»Seine Tusse« ist in Wirklichkeit eine Kollegin aus der Brigade. Bullitt betatscht sie, macht ihr andauernd »zum Spaß« schlüpfrige Avancen und nennt sie seit einiger Zeit »meine Tusse«. Er kommentiert auch ihr Aussehen. »Schaut mal, sieht sie nicht klasse aus?« Die »Tusse« begnügt sich damit zu lächeln, manchmal ein wenig genervt. Bullitt teilt sie oft in seine Mannschaft ein, so auch heute.

»Na, da bist du ja! Und heiß siehst du aus!« Bullitt lacht in seinen Bart. »Mann, was sieht sie wieder heiß aus, meine Tusse!«

KAPITEL 47

Es ist 14:40 Uhr, die Streife rückt zur Schicht aus. Toto, am Steuer, startet den Mannschaftswagen. Bullitt, auf dem Beifahrersitz, schaltet das Radio ein. Ein Schwall amerikanischer Rapmusik quillt aus den Lautsprechern, aber noch übertönt vom Motorlärm des Schrotthaufens, der unser Einsatzfahrzeug ist.

Ein magerer Schwarzer, verloren in einem weiten Hemd und einer zu großen Hose, kommt ans Wagenfenster und bettelt, als wir an einer roten Ampel halten.

»Hau ab! Verpiss dich!«, brüllt Bullitt ihn an.

Der Mann rührt sich nicht. Bullitt steigt aus, ich hinterher. Bullitt packt den Migranten am Hals und zieht ihn hinter die Leitplanke zurück.

»Kapiert? Bleib mir bloß von der Fahrbahn weg!«

Der Mann bleibt ausgestreckt liegen.

Wir nehmen unsere ziellose Fahrt wieder auf, bis der erste Funkspruch kommt.

»TN19 für PS Alpha.«

»PS Alpha hört«, erwidert Bullitt.

»Ein Mann soll mehrere Frauen mit einem Knüppel bedroht haben, vor dem Beluschi's, das ist eine Jugendherberge am Kanal. Der Anrufer meldet, es handele sich um einen Migranten, dem Aussehen nach Inder. Er trägt einen blauen Rucksack, braune Schuhe und eine weiße Weste.«

»Okay, verstanden, TN.«

Als wir vor der Bar in der Nähe der Rue de Crimée eintreffen, erwartet uns der Anrufer am Eingang.

»Und?«, fragt Bullitt knapp.

»Der da hinten, der war's.«

Wir treten auf den Mann zu, der der Beschreibung entspricht. Er ist klein, brünett und trägt eine lange hölzerne Vorhangstange bei sich, wo auch immer er dieses Ungetüm aufgetrieben hat. Wir umzingeln und durchsuchen ihn, aber unser Aufmarsch scheint ihn nicht zu beeindrucken.

»Hast du Papiere?«, fragt Bullitt ihn.

Der Mann zieht ein Smartphone und ein zweimal gefaltetes Blatt aus der Tasche seiner Weste.

»Warum greifst du Frauen an? Was hast du genau gemacht?«

»Ich anfasse Schulter. Ist normal.«

»Normal? Hör zu, du bist hier nicht zu Hause. Hier geht das nicht! Und hör auf zu zappeln! Halt still, oder ich kleb dir eine!«, droht Bullitt.

»Los, schlag mich doch.«

»Auf, wir bringen ihn an die Porte de la Villette«, entscheidet Bullitt. Er spricht laut und deutlich auf den Mann ein: »Wir bringen dich jetzt an die Porte de la Villette. Sehe ich doch hier noch mal, fliegst du in den Kanal. Kapiert? Wenn du wiederkommst, schmeiße ich dich in den Canal de l'Ourcq!«

Der Mann sagt nichts mehr und lässt sich abtransportieren. In Aubervilliers entlassen wir ihn wieder in die freie Wildbahn, oder anders gesagt, wir laden das Problem außerhalb unseres Zuständigkeitsbereichs ab. Soll er woanders Frauen belästigen, Hauptsache, wir sehen es nicht.

Auf der Rückfahrt brüllt Bullitt schon wieder los.

»Mach Platz mit deiner Uber-Karre, verdammt! Scheiße!«, schreit er einem Lieferfahrer auf seinem Deliveroo-Motorroller zu.

Tacos hat etwas gesehen. »Schau mal, Bullitt. Den schwarzen Smart da vorn, der gerade überholt hat, den nehmen wir uns mal vor. Da sitzen zwei schöne Bastarde drin.«

Die zwei schönen Bastarde sind schwarze Männer. Wir nehmen die Verfolgung auf. Bullitt gibt den beiden Insassen des Smart Zeichen, dass sie anhalten sollen. Als er aussteigt, hat er die Gummigeschosswaffe in der Hand, Finger am Abzug, feuerbereit. Für eine Routinekontrolle.

Diese *lanceurs de balles de défense* (LBD) waren ursprünglich als Abwehrwaffen in Extremsituationen gedacht – Bedrohung mit Schusswaffen, Straßenkämpfe und dergleichen – und der Bereitschaftspolizei vorbehalten. Nach und nach haben sich die LBD immer weiter verbreitet, erst auf Einheiten, die in sozialen Brennpunkten eingesetzt werden, dann auf solche, die allgemein mit Gewaltverbrechen zu tun haben.[31] Jeder Polizist kann sie führen, wenn er eine Einweisung erhalten hat. Bullitt hat eine.

»Monsieur, würden Sie uns bitte Ihren Führerschein und die Fahrzeugpapiere zeigen?«, fragt Tacos den Fahrer.

Während er die Papiere kontrolliert, behalte ich den Beifahrer im Auge. Ein Stück entfernt, seinen LBD immer noch in der Hand, regelt Bullitt den Verkehr.

»Los, fahr vorbei! Scheiße!«, brüllt er einen Fahrer an.

Bei den beiden Insassen des Smart ist alles in Ordnung, sie können weiterfahren. Wir steigen wieder in den Wagen.

Ich habe während der Verkehrskontrolle nicht ein Wort gesagt. Ich hatte das Gefühl, eine völlig hemmungslose Bande zu begleiten.

31 Jean-Marc Berlière und René Lévy, *Histoire des polices en France, de l'Ancien Régime à nos jours*, Nouveau Monde Éditions, 2013, S. 288 f.

KAPITEL 48

»Monsieur, Sie kommen bitte mit uns.«

Ich arbeite zum ersten Mal mit Max zusammen. Bisher habe ich kaum je erlebt, dass die Polizei den Bürger siezt. Nach einigen Wochen hatte ich mir selbst angewöhnt, alle zu duzen, außer die alten Leute.

Mein Kollege befolgt den Verhaltenskodex, der das Siezen vorschreibt. Dieser Kodex stammt von 1986, gilt heute in der Fassung von 2013 und regelt das Verhalten der Polizisten und Gendarmen im Dienst. Er ist reine Theorie. In der Praxis werden viele dieser Regeln ignoriert. Unangebrachte Vertraulichkeit, Verfahrensverstöße, Duzen, aggressive Gesten und Äußerungen, Beleidigungen, widerrechtliche Aneignung beschlagnahmter Güter wie der Obst- und Gemüsevorräte der illegalen Straßenhändler.

Diese Kontrolle jetzt spielt sich ganz ruhig ab. Der Vespa-Fahrer kann weder seine Papiere noch die des Motorrollers vorweisen. Der Beifahrer rauchte gerade einen Joint, als wir den Roller aufs Korn genommen haben. Wir rufen die Fahndungsliste ab, und der Major stellt fest, dass der Fahrer zu einem Gerichtstermin nicht erschienen ist. Schwerer Diebstahl, er hat sich zwölf Monate eingehandelt. Wir nehmen den Fahrer mit und überlassen den Beifahrer seinem Schicksal.

Zurück auf dem Revier warte ich mit dem jungen Mann, bis der Major das Protokoll geschrieben hat. Der vorläufig Festgenommene heißt Ibrahima und ist 22 Jahre alt. Ohne dass ich ihm viele Fragen gestellt hätte, erzählt er mir seine Lebensgeschichte.

»Ehrlich gesagt, als Jugendlicher hab ich viel geklaut. Für mich war das normal, weißt du, auch wenn's nicht richtig war. Ich hab Geld geklaut, ein Telefon, andere haben den Leuten sogar Goldketten abgerissen. In Saint-Denis, weißt du, da geht's härter zu, die klauen da wirklich mehr als ich. Als ich nach Saint-Denis gekommen bin, da hab ich noch nicht geklaut. Ich hab's nur gesehen. Nach und nach hab ich auch angefangen. Hat mich viel gekostet. Ich hab meine Eltern nicht mehr gesehen. Jedes Mal, wenn ich nach Saint-Denis kam, Kontrolle. Die Polizei hat mich sofort aufs Revier mitgenommen. Jetzt kann ich in Paris wohnen, das ist nicht wie in den Vorstädten. Besser. Hier kann ich gute Leute kennenlernen und so. Ehrlich gesagt, ich will ja nicht lügen, aber seit ich in Paris wohne – nicht, dass ich gar keine Gaunereien mehr mache, aber weniger.«

Nach mehreren Verurteilungen hat Ibrahima inzwischen ein Betretungsverbot für das Département 93. Der Major kommt auf uns zu, ich bedeute Ibrahima aufzustehen. Der Major freut sich wie ein Schneekönig über seinen guten Fang und nimmt den jungen Mann am Arm, um ihn zur Kriminalpolizei zu bringen.

Ich gehe eine Kippe rauchen. Ohne es zu wissen, habe ich gerade meine letzte Schicht mit dem Major verbracht.

KAPITEL 49

Ich würde am liebsten kündigen. Drei Viertel meiner geplanten sechs Monate Undercovereinsatz habe ich hinter mir. Wie bei einem Marathon sind auch hier die letzten Kilometer die schwersten.

Chef Steph sitzt in seinem Büro, das Gesicht sonnengebräunt.

»Schönen Urlaub gehabt?«, frage ich ihn.

Er deutet ein Lächeln an. Für meinen Chef hat das Familienleben Vorrang. Die Bequemlichkeit seines Postens als Chefbrigadier ist ihm lieber als aufregende Einsätze im Streifendienst. »Ich bin in 20 Jahren bei der Polizei noch niemandem hinterhergerannt«, hat er mir einmal anvertraut.

Steph sitzt seine Dienststunden ab, ohne Probleme zu machen, befolgt die Anweisungen der Vorgesetzten und geht wieder nach Hause.

»In zwei, drei Jahren suche ich mir einen schönen Bürojob. Irgendwas Langweiliges, wo ich Kreuzchen in Tabellen mache, das wäre perfekt.«

Steph ist jedenfalls der Einzige, der in der ganzen Brigade beliebt ist. Sicher, weil er nie jemanden ärgert. Oder weil er einfach ein sympathischer Normalo ist.

Der Major hat Urlaub, und Steph trägt so lange die Fackel weiter. Er hockt die ganze Zeit in seinem Büro und hat offenbar nicht vor, es zu verlassen.

»Letzten Monat hatten wir 66 Mad, davon 35 Strafzettel«, sagt er leichthin.

35 der 66 Verfahren, die wir eingeleitet haben, waren also Strafzettel wegen illegalen Straßenhandels. So werden die Statistiken mit Bagatelleinsätzen aufgeblasen. Die Vorgaben werden zwar erfüllt, aber es wird dem Kommandanten nicht entgehen, wie viele kleine Fische dabei waren. Steph meint:

»Mit solchen Zahlen werde ich garantiert zum Kommandanten ins Büro bestellt.«

Er macht sich über die Zahlen lustig. Solange man ihm seinen Frieden lässt, ist ihm alles egal.

»Was wolltest du eigentlich von mir?«, kommt er zur Sache.

»Kann ich ein paar Tage freinehmen? Ich hätte gerne zwei Tage Urlaub im nächsten Zyklus, wenn's geht.«

Genau in diesem Moment erscheint die Chefin des Reviers, die Kommissarin, im Büro.

»Bonjour«, grüße ich.

Ich gerate immer durcheinander, wenn ich ihr begegne. Ich bringe nur das gewöhnliche »Bonjour« heraus, wo es sich doch gehört, »Meine Hochachtung, Frau Kommissarin« zu sagen. Hinter ihr kommen noch weitere Offiziere, die ebenfalls gegrüßt werden wollen. Ein Hauptmann, ein Kommandant. Ich weiß bei diesen hohen Dienstgraden nie, wer jetzt wer ist. Der Hauptmann trägt drei Ärmelstreifen, der Kommandant vier. Beim Händeschütteln zähle ich die Streifen, um sie nicht zu verwechseln. Prompt stammele ich auch jetzt wieder nur »Bonjour« und handele mir missbilligende Seitenblicke ein.

Die Offiziere ziehen ab, ich bin wieder alleine mit Steph.

»Junger Mann! Wann wolltest du denn freihaben?«

Während ich antworte, überlege ich schon an der Ausrede für meine bevorstehende Kündigung herum. Was könnte ich da vorbringen? Ich habe ein Mädchen am anderen Ende Frankreichs kennengelernt und bin völlig verrückt nach ihr. Ein plötzlicher

Krankheitsfall in der Familie. Nein, das geht nicht, diese Situation kenne ich zu gut, um mir so etwas auszudenken. Ich muss wegen einer Operation ins Krankenhaus? Das ist vielleicht der beste Vorwand.

Ich sehe schon, dass diese Kündigung mich ziemlich beschäftigen wird.

KAPITEL 50

Ich werfe einen Blick in den Kalender: noch 28 Tage Schicht. Sieben Zyklen zu je vier Tagen. Eine Textnachricht poppt auf, von einem Mädchen, mit dem ich seit drei Tagen schreibe. Wir haben uns auf einer Datingplattform kennengelernt. Als sie mich gefragt hat, was ich beruflich mache, musste ich sie halb beschwindeln, oder zu drei Vierteln: »Ich bin freiberuflicher Journalist.« Schließlich kann man nie wissen, ob ihr Vater nicht zufällig Polizeihauptmann oder ihr Bruder Flic ist. Das wäre schlecht für mein Vorhaben.

Ich halte mich an die Erwartungen, versuche lustig und sympathisch zu wirken. Jede weitere Woche als Undercoverjournalist bei der Polizei treibt mich ein bisschen weiter in die Isolation. Außer den Bierchen mit La Merguez, ein paar Kontakten mit Freunden weit weg von Paris und zwei oder drei Fußballspielen, die ich mir in einer Kneipe angeschaut habe, bin ich vom Sozialleben abgeschnitten. Seit ich auf dem Revier des 19. Arrondissements angefangen habe, lebe ich wie ein Mönch: Schicht, Notizen aufarbeiten, pennen. An meinen freien Tagen lese ich und rauche Kette, zwinge mich manchmal, neue Bücher kaufen oder Fußball spielen zu gehen. Der Arbeitsrhythmus bestimmt alles, als ob ich nie wirklich Feierabend machte.

Mein gewohntes Nachtleben scheint einer anderen Epoche anzugehören. Früher bin ich selbst während meiner Undercoverprojekte viel ausgegangen, manchmal jeden Abend. Ich trank, redete, ging mit der Morgendämmerung schlafen. In solchen trunkenen Momenten der Freiheit habe ich endlich das Gefühl, mich nicht mehr ununterbrochen zu verstellen.

Einen Kaffee und eine Kippe später will ich mich ohne große Lust daranmachen, den neuesten Schwung Notizen abzutippen, als das Display meines Smartphones aufleuchtet. Das Mädchen antwortet mir. Wir verabreden uns für denselben Abend auf ein Bier, um 21 Uhr in Montreuil.

KAPITEL 51

Ich beschleunige den Schritt, die Mütze tief heruntergezogen. Julie wartet seit zehn Minuten vor der Bar auf mich. Sie ist 29, viel mehr weiß ich nicht von ihr, außer dass sie irgendwo in der Filmbranche arbeitet.

Julie ist hochgewachsen, ihr Haar kastanienbraun und wellig. Nach den ersten Vorstellungen und Eingewöhnungsfragen weiß ich schon, dass ich ihr die Wahrheit über mich sagen kann. Wir verstehen uns gut. Ein Kellner kommt an den Tisch, wir bestellen zwei Halbe.

Als das Bier da ist, packe ich aus und erzähle, dass ich mich bei der Polizei eingeschlichen habe. Anfangs ist sie verblüfft und findet die Idee unglaublich, ich merke aber, dass sie mir glaubt. Sie will Einzelheiten wissen, stellt viele Fragen. Ich erzähle ihr alles.

Wir gehen zu ihr. Es ist mir lieber, bei ihr unter die Decke zu kriechen, als sie mit zu mir zu nehmen. Nicht gerade eine Empfehlung, wenn man mit 30 noch auf 15 Quadratmetern haust. Sogar für einen tollkühnen Undercoverjournalisten, der die Flics ausspäht.

KAPITEL 52

Ich hab ziemlich viel nachgedacht in letzter Zeit … Ich glaube, ich brauche eine Veränderung. Vielleicht kündige ich, weil …«

Das Wort ist gefallen. Ich habe mich überwunden, mit einem Kollegen über meinen Plan zu reden. Dieses verdammte Musterschülersyndrom lässt mich davor zurückschrecken, meine Kündigungsabsicht laut auszusprechen. Ich habe Angst, die anderen zu enttäuschen, unangenehm aufzufallen und kritisiert zu werden. Jetzt ist es mir herausgerutscht, während ich gemeinsam mit Charly, Stans bestem Kumpel, Wache am Haupteingang schiebe. Mein Kollege fällt mir ins Wort, bevor ich den Satz beenden kann.

»Wart erst mal ab, Großer. Mach die Ausbildung zum regulären Polizisten, dann sieht's anders aus.«

Ich versuche ihm ein paar einfache Gründe zu nennen. Das endlose Herumstehen als Wache am Eingang, die mickrigen 1340 Euro Gehalt. Ich sage ihm, dass ich damit nicht auskomme. Charly ist das scheißegal. Er wechselt das Thema, mokiert sich über meinen »Schlaffikörper«. Ich habe ein kleines Bäuchlein, und das Polohemd schlackert um meine dünnen Stöckchenarme, die an zwei Heuschreckenbeine erinnern. Charlys Oberarme sind dreimal so dick wie meine.

»Mit deiner Brille bist du garantiert so einer aus *Undercoverboss*. In Wirklichkeit bist du Kommissar und willst mal schauen, wie's an der Basis zugeht. Und in drei, vier Monaten entscheidest du dann, ob ich versetzt werde. Oder gefeuert.«

Wenn er wüsste.

Ich erinnere mich an einen seiner Sätze: »In Uniform mache ich, was ich will.« Er ist sechsmal von der IGPN wegen Polizeibrutalität vorgeladen worden, weil er irgendwelchen Typen »die Fresse eingeschlagen« hat. In der Amtssprache der Polizei nennt sich das »schwere Körperverletzung durch einen Hoheitsträger in Ausübung seines Dienstes«. Charly meint allerdings, das sei jetzt alles vorbei, er sei ruhiger geworden.

Während das Ende meines Undercoverprojekts so Gestalt annimmt und ich mir vorstelle, wie es sein wird, diese Last von den Schultern genommen zu bekommen, stelle ich mir auch schon vor, wie die Kollegen reagieren werden, wenn sie erfahren, wer ich wirklich bin.

KAPITEL 53

In einem Geschäft für Bastlerbedarf haben die Sicherheitsleute einen Ladendieb auf frischer Tat geschnappt. In seinen Taschen fanden sich Batterien und Klebstoff. Der Gesamtwert der gestohlenen Ware beläuft sich auf 68 Euro und ein paar Cent. Der Geschäftsführer will Anzeige erstatten, also werden wir gerufen. Wir sollen den Dieb mitnehmen und in Polizeigewahrsam stecken. Ein Routineeinsatz.

Als wir ankommen, redet Mano mit dem Chef des Ladens und den Sicherheitsleuten. Ich nehme derweil die Identität des Täters auf: ein Marokkaner, der ohne Aufenthaltsgenehmigung in Frankreich lebt. In seinen Taschen finde ich eine Crackpfeife und eine Carte Navigo.[32]

»Was glaubst du, wozu er den ganzen Kleber geklaut hat?«, fragt mich Charly.

»Zum Schnüffeln wahrscheinlich?«

Der Marokkaner sagt nichts. Sein Blick ist leer. Seine himmelblaue Mütze, die dunkle Jogginghose und das graue T-Shirt sind verdreckt, seinem braunen Zopf sieht man an, dass er sich schon eine Weile nicht mehr gewaschen hat.

32 Carte Navigo: elektronische Dauerkarte für die öffentlichen Verkehrsmittel im Großraum Paris. (A. d. Ü.)

Wir nehmen ihn mit. Er sitzt auf der Rückbank, ohne Handschellen. Mano setzt sich neben ihn und winkt mich auf den Beifahrersitz.

»Du hast nichts gesehen und nichts gehört«, sagt Charly zu mir.

Ich begreife, was jetzt gleich passieren wird. Schließlich ist er der Typ, der immer damit angibt, wie vielen Gewahrsamshäftlingen er schon »die Fresse eingeschlagen« hat, und Mano derjenige, der damals in der Rue Compans so ausgerastet ist.

»Ist die Luft rein? Sieht uns keiner?«, vergewissert sich Mano.

»Nein, leg los.«

Der erste Schlag meines Kollegen trifft den Migranten am Arm. Dann verpasst er ihm eine ins Gesicht, noch eine. Er reißt den Marokkaner an den Haaren, rammt ihm die Faust in den Bauch. Der Migrant schnappt nach Luft, wirkt verängstigt. In einem Reflex will er Mano am Ärmel seines Polohemds festhalten.

»Loslassen! Loslassen, oder ich brech dir den Arm!«, brüllt mein Kollege.

Ich schäme mich. Aber ich unternehme nichts. Dieser Einsatz ist einer zu viel. Ich hätte mich schon längst absetzen sollen, ich muss aufhören. Es wird Zeit, dass dieses Undercoverprojekt endet, dass ich alles öffentlich mache, was ich erlebt habe, dass dieses Buch erscheint, dass ich mich mit etwas anderem beschäftige. Ich ertrage es nicht mehr, bei diesen Brutalitäten zuzuschauen und, schlimmer, mitzumachen.

»Wir kommen gleich durch den Tunnel, da kannst du ein bisschen fester zuschlagen, wenn du willst«, schlägt Charly amüsiert vor. »Ich geh mal ein bisschen vom Gas, wir haben ja Zeit.«

»Kapierst du's jetzt? Klauen ist nicht, klar?!«, röhrt Mano und drückt dem Migranten die Luft ab. Der zieht eine Grimasse und fängt sich zwei Rechte mitten ins Gesicht ein.

»Wegen so einer Kleinigkeit erhebt der Staatsanwalt keine Anklage«, sagt Charly. »Die lassen ihn laufen, das steht fest.«

Die Argumentation dahinter geht so: Weil der Typ für seinen Diebstahl auf keinen Fall im Knast landet, müssen die Ordnungskräfte seine Tat eben selbst ahnden. Eine Verurteilung ohne Prozess, ohne Papierkram, ohne Formalitäten, ein Schnellgericht durch Faustschläge auf den Mund. Außerdem ist es eine Erleichterung, endlich einmal den Frust abreagieren zu können, zumal an einem Migranten, der zu schwach ist, um sich zu wehren, und der keine Anzeige erstatten wird, weil er sich illegal im Land aufhält.

»Wo schmeißen wir ihn raus? Pantin?«, will Charly von Mano wissen.

»Klar, warum nicht.«

Charly hält kurz an einer einsamen Stelle, zieht die Handbremse, steigt aus und öffnet die Hintertür.

»Und jetzt raus mit dir!«

Der Mann müht sich aus dem Auto, er kann kaum laufen.

»Meine Mütze!«, jammert er. »Wo ist meine Mütze?«

Mir dreht sich bei diesem Satz der Magen um. Ich suche die Mütze, die im Wagen herumfliegt, und werfe sie ihm zu.

Charly fährt weiter.

»Er hat geblutet, oder? Nicht, dass du ihm die Nase gebrochen hast, Großer«, meint er zu Mano.

»Ach was, kann nicht sein«, verteidigt der sich. »So fest habe ich gar nicht zugeschlagen.«

KAPITEL 54

Ich gehe zum Chef der Brigade. Freitag, 16. August, 8:15 Uhr. Vor seiner Bürotür hole ich noch einmal tief Luft. Gestern Abend im Bad habe ich laut einstudiert, was ich sagen will. Steph lächelt mir zu.

»Ah, Salut. Ich wollte dich sowieso fragen, willst du lieber Weihnachten oder Neujahr freihaben?«

»Genau deswegen wollte ich dich sprechen, Chef.«

Mir versagt die Stimme, die Worte wollen nicht heraus. Ich würde am liebsten weglaufen. Steph lässt einen wohlwollenden Blick auf mir ruhen.

»Ja?«

»Ich wollte dich sprechen …, weil … Ich möchte aufhören.«

»Aufhören? Das heißt?«

»Die Polizei verlassen.«

»Okay …«

»Und weil ich nicht weiß, wie das abläuft, wollte ich vorher mit dir sprechen.«

»Ja klar, keine Sorge. Ich muss allerdings auch erst nachschauen. Es hat ein, zwei solche Fälle gegeben, seit ich hier arbeite, aber so aus dem Kopf kann ich auch nicht sagen, wie das geht.«

Das Telefon klingelt. Ich kann Steph schlecht bei seinem Gespräch zuhören und verlasse belämmert das Büro. Das war's schon. Es ist passiert.

Ich gehe hinunter in die Garage, zünde mir eine Zigarette an und rauche nachdenklich.

Einige Minuten danach laufe ich Steph auf den Gängen des Reviers wieder über den Weg.

»Ich habe ganz vergessen, dich zu fragen – warum willst du denn kündigen?«

Dieses Mal bleibt meine Stimme fest. Ich habe das Kap umrundet, der neue Kurs liegt an. Ich gebe ihm die einfache Version, die ich am Vorabend eingeübt habe.

»Ach, zu wenig Geld und zu viel Langeweile. Ich bin es leid, um vier Uhr früh aufzustehen, um hier den Pförtner zu spielen.«

Steph nickt schweigend. Er scheint zu verstehen.

»Verantwortlich dafür sind die da oben«, meint er.

Ich liefere die restlichen Gründe ab, die ich mir ausgedacht habe. Ich bin zu alt, ich musste 15 Monate lang Verrückte herumkutschieren, das ist alles ein bisschen viel verlangt.

Am Tag darauf, am Samstag, dem 17. August 2019, um 6:10 Uhr, tippe ich einen Text in den Rechner. Meine Kündigung. Jetzt ist es amtlich.

Steph hat Bleistift und Taschenrechner gezückt und rechnet mir vor, dass ich noch 17 Tage Resturlaub habe. Trotz der einmonatigen Kündigungsfrist kann ich also schon bald aufhören. Nur noch fünf Tage Schicht.

KAPITEL 55

7:45 Uhr morgens, im Krankenhaus. Diego-Mano sitzt auf einem Stuhl und spielt mit seinem Tonfa herum. Hinter der Tür wird ein Mann verarztet. Er hat in der Nacht zwei Messerstiche in den linken Arm bekommen. Die Mieter unter ihm haben Lärm gemacht, er ist sich beschweren gegangen und wurde mit Schlägen und Tränengas empfangen. Das ist zumindest seine Version der Geschichte. Die beiden Einstiche sind deutlich zu sehen. Er kommt in Polizeigewahrsam, wir müssen sichergehen, dass er nicht verschwindet.

Noch zwei Schichten. Mano zeigt mir ein Video einer Demo in Hongkong. Man sieht, wie die Hongkonger Kollegen mit Gummiknüppeln und Fäusten zuschlagen und Demonstranten über den Boden schleifen. »Da siehst du's! Das sind richtige Polizisten!«, freut sich mein Kollege angesichts eines blutüberströmten Mannes, der sich zusammenrollt, um weiteren Schlägen zu entgehen.

Während wir warten, erzähle ich Mano, dass ich gerade gekündigt habe. Er wirkt überrascht. »Und was willst du danach machen? Vielleicht kommst du ja zurück. Wenn ich einmal draußen wäre, könnte ich das nicht, aber es gibt welche bei uns, die das gemacht haben, die gekündigt haben und wiedergekommen sind.«

»Vielleicht sage ich mir in ein paar Monaten ja, dass es Blödsinn war wegzugehen. Wird sich rausstellen.«

Mano erklärt, dass er früher am Flughafen Roissy gearbeitet hat, auf den Landebahnen. Die ganze Zeit über spukte ihm die Idee im Kopf herum, Flic zu werden. Er machte die Ausbildung zum ADS, ging zur Verkehrspolizei CRS, wurde schließlich regulärer Wachtmeister.

»Ich bin jetzt bald sieben Jahre dabei. Ich hätte am Flughafen bleiben sollen«, vertraut er mir an.

»Warum sagst du das? Magst du die Polizei nicht?«

»Ehrlich gesagt, ist es eher die Polizei, die mich nicht mag … Aber es geht schon, mir gefällt's ganz gut hier.«

Stan, der Chef aller *chasseurs*, verlässt die Brigade im September, erzählt Mano weiter. Er wird zur GSQ eines anderen Arrondissements versetzt. Mano selbst hat seine Versetzung in eine andere Streifenbrigade der Hauptstadt beantragt.

Mano lässt eine Salve von Beleidigungen gegen die Kollegen los. Der eine ist ein Depp, der andere eine Schwuchtel, eine Dritte hält sich für eine Sozialhelferin, und dann die Mädels in der Brigade, die allesamt für Einsätze nicht zu gebrauchen sind, »bis auf eine«.

Dann berichtet er ausführlich von einem Vorfall am Vortag: Er hat Anzeige gegen einen Gewahrsamshäftling erstattet.

»Der hat mich wie Dreck behandelt, dieser Scheißperuaner. Also habe ich ihn angezeigt. Ich habe unserem Vertrauensmann alles erzählt. Und der hat noch ein paar Sachen obendrauf gesetzt. Er hat geschrieben, die Äußerungen des Typen hätten mich tief verletzt. Ehrlich gesagt, na ja.«

KAPITEL 56

Die letzte Schicht. Ein Gewahrsamshäftling hat gerade seine Matratze vollgepisst. Der Typ ist an der Place Stalingrad angegriffen worden – sein Gesicht ist noch voller Schürfwunden und Blutergüsse. Als die Flics kamen, wollte er sich mit ihnen schlagen. Die Kollegen haben ihn mit Tränengas abgewehrt, und durch das Gas auf den frischen Wunden ist der Typ umgekippt.

Seit er in die Zelle gesperrt wurde, liegt er reglos auf der Matratze, zu einer Kugel zusammengerollt. Bis zu dem Moment, als er unter sich gemacht hat.

Marvin hält ihm in seinen großen behandschuhten Händen eine Rolle Küchenpapier hin und befiehlt ihm:

»Das wischst du jetzt alles auf, und zwar gründlich.«

Der Mann gehorcht ohne Widerspruch. Als er fertig ist, sagt ihm der Kollege, er solle sich auf der Toilette die Hände waschen.

»Nein, nein, da gehe ich nicht hin, Sie schlagen mich nur wieder.«

»Auf geht's«, knurrt mein Kollege zurück.

»Bisschen fix!«, brüllt ein anderer.

Jetzt ist gerade die Chefin aufs Revier gekommen. Ich stehe auf und nehme Haltung an. Sie begrüßt jeden Flic einzeln. Vor ihrem Blick wird einem unbehaglich.

»Meine Hochachtung, Madame«, grüße ich sie.

Dieses Mal habe ich die richtige Formel getroffen.

Die Divisionskommissarin trägt Zivil, sie kommt gerade von einer Abschiedsfeier. Was mich angeht, so veranstalte ich lieber keine. Ich habe zwar gezögert, aber ich fürchte, es könnte später zynisch wirken. Mir ist unwohl zumute. Meine Kollegen wissen alle nicht, dass ich heute Abend für immer Schluss mache.

Die Zellen sind voll. 18 Typen auf drei Verwahrungszellen, zwei in der Ausnüchterung. Drei Minderjährige im dritten Stock, alle wegen Drogenvergehen. Einer hatte acht Gramm Shit bei sich, die beiden anderen sind Komplizen, haben mir die Kollegen erklärt.

Ich reiße mich zusammen. In meinem Kopf läuft eine Sanduhr. Noch fünf Stunden und 22 Minuten durchhalten.

»Ich glaube, dass ich nicht der Richtige für die Polizei bin«, seufzt Marvin im Gespräch mit mir. »Ich habe kein Mitgefühl. Nicht mehr. Ich hatte schon zu Anfang nicht viel, aber inzwischen …«

Ich selbst bin mir ebenso bewusst, dass meine Menschlichkeit und mein Mitgefühl in den sechs Monaten stark nachgelassen haben. Als ob mich dieser Job abgehärtet hätte. Am Anfang meiner Undercoverreportage hat mich die Frau, die als Opfer häuslicher Gewalt zu uns aufs Revier kam, sofort unter Stress gesetzt. Ein halbes Jahr später habe ich diese Szene sich so oft wiederholen sehen, dass ich längst nicht mehr so alarmiert reagiere.

Am frühen Nachmittag habe ich einen 17-Jährigen aus Guinea ins Atemröhrchen eines Äthyltests blasen lassen. Er ist am Morgen eingeliefert worden, betrunken. Er saß am Steuer eines Autos. Er hat bei der Kontrolle Widerstand geleistet. Wenn sein Blutalkohol unter 0,2 Promille sinkt, soll er aus der Ausnüchterungszelle in eine normale Zelle zu den anderen Gewahrsamshäftlingen verlegt werden. Je später es wird, desto schlechter scheint es ihm zu gehen. Um 21 Uhr begleite ich ihn in den dritten Stock zur Kriminalpolizei.

»Ich bin ganz zittrig«, behauptet der Guineer. »Kann nicht laufen …« Er lässt sich auf eine Bank fallen.

»Hör auf, uns was vorzuspielen!«, herrscht ihn ein Ermittler gereizt an. »Hör auf! Du bist ein Stück Scheiße, du bist zu nichts gut!«

Der Guineer antwortet nicht, er ist eingeschlafen.

»Ich glaube nicht, dass er simuliert«, melde ich mich schüchtern zu Wort.

»Doch, doch, lass dir nichts vormachen. – Wie heißt du?«

Der junge Mann, die Augen immer noch geschlossen, antwortet nicht.

»Er heißt Sylla und ist 17«, erwidere ich an seiner Stelle.

»Gut, kein Anwalt, keine Nachricht an die Angehörigen. Das war's, du kannst ihn in die Zelle zurückbringen.«

Um 21:20 Uhr, 40 Minuten vor dem Ende meiner Schicht, schleppe ich den Guineer durch den Zellengang. Seine Schuhsohlen schleifen über den Fußboden bis in die Zelle. Er kommt zu einem anderen Minderjährigen, dem Jugendlichen, der mit acht Gramm Hasch erwischt wurde.

»Wenn sich bei dem irgendwas tut, sag mir Bescheid, Großer«, instruiere ich ihn. »Wink einfach schön deutlich, ich sehe das auf dem Bildschirm.«

Eine Freundin schickt eine Textnachricht: »Wünsch dir gutes Durchhaltevermögen für die letzten Minuten!«

Kurz darauf sehe ich auf den Schirmen der Überwachungskameras, dass der Haschjugendliche wild mit den Armen flattert. Ich trabe hastig zu seiner Zelle zurück und schließe die Tür auf. Auf dem Boden eine grünliche Flüssigkeit, der Guineer hat sich erbrochen.

»Das stinkt, Chef«, stöhnt der Jugendliche.

Der Guineer liegt auf dem Boden ausgestreckt, der Kopf ragt unter der lachsfarbenen Decke hervor. Ich schnappe mir eine Rolle Klopapier und wische die Galle auf. Es ist 21:43 Uhr. So sehen also meine letzten Minuten als Flic aus.

Nachdem ich den Jugendlichen in eine andere Zelle gebracht habe, gehe ich zur Kriminalpolizei hinauf.

»Wir brauchen den Notarzt, der Guineer hat gerade gekotzt.«

Am liebsten würde ich hinzufügen: »Er hat nämlich nicht simuliert, ihr Bande von Dummköpfen!« Aber ich sage nichts. Ein letztes Mal sage ich nichts.

Um 21:53 Uhr sitze ich neben Marvin und warte auf den Notarzt. Um 21:56 Uhr kommt die Nachtschicht und löst uns ab. Der Notarzt ist unterwegs. »Das war's, Großer«, sagt Marvin zu mir. »Mach Feierabend.«

Zum letzten Mal ziehe ich die marineblaue Diensthose aus, lege das Koppel ab und streife das Polohemd mit dem aufgeflockten Schriftzug *POLICE* über den Kopf. Ich stopfe alles durcheinander in meine Tasche, knalle die Spindtür zu und sprinte, immer zwei Stufen auf einmal, die Treppe ins Erdgeschoss hinauf und durch den Ausgang.

Ich eile die Straße entlang, ohne mich umzudrehen, wie ein Flüchtender. Ich versuche zu ordnen, was ich in den sechs Monaten hier erlebt habe, in meinem Kopf brennt ein betäubendes Feuerwerk aus Erinnerungen ab. Die Ohrfeigen für die Gewahrsamshäftlinge an meinem allerersten Arbeitstag; der Selbstmord des Kollegen vom Revier; die ständigen rassistischen Äußerungen und Verhaltensweisen; die Alltäglichkeit von Beleidigungen der Bürger; das allgegenwärtige Duzen; ein Jugendlicher, der vor meinen Augen zusammengeschlagen wird; ein Kollege, den die Falschaussagen der anderen – und meine eigene – decken; ein Migrant, der im Mannschaftswagen mit Schlägen traktiert wird.

Zwei Jahre meines Lebens kommen zum Abschluss. Es ist Zeit, wieder meine wahre Haut zu zeigen, es ist Zeit, diese Geschichte zu erzählen.

DANK

An meine Herausgeber:
Clara Tellier-Savary, Geoffrey Le Guilcher und Johann Zarca.

An die Hersteller und Lektoren der Goutte d'Or:
Alice Andersen, Franck Berteau, Christophe Bigot, Clément Buée, Aurélie Carpentier, Pierre-Marie Croquet und Basile Lemaire von Productions Goutte d'Or, Michel Despratx, Marion Enguehard, Lucie Geffroy, Laurent Ollivon, Camille Polloni, Lætitia Zanettacci.

An meinen Optiker.

An die grauen Eminenzen und meine Verbündeten im Hintergrund:
Petit Bonhomme, Petit Bonhommes Mama, Nikita Schwarz, Le Canariste, Giulia, Giulias Eltern, Ahmed, Hélène, RJ und Valedane, Édouard, meinen Fahrer, Pete, Monsieur und Madame Hesse, Gébé, Toto und Doudou.

An Michel, an den Polizisten M.

NACHWORT VON GÜNTER WALLRAFF

Die Polizei eine geschlossene Gesellschaft? Ein nach außen abgeriegeltes System? Sich dort für ein halbes Jahr einzuschleusen, ist ein gewagtes Unterfangen. Doch Valentin Gendrot hat diesen Wagemut, hat seine Undercover-Recherche über lange Zeit akribisch geplant.

Sinn und Zweck des Polizeiapparats besteht darin – so die Gesetzeslage – für »Recht und Ordnung« zu sorgen und dies nur im Notfall mit Gewalt durchzusetzen. Doch prangern Opfer eine ausufernde Gewalt in diesem System an, verschanzen sich die Täter in der Regel hinter einer Mauer des Schweigens und der Komplizenschaft. Es regiert ein Korpsgeist, gestützt auf Verdrängung, Vertuschung, Lüge und abverlangte Loyalität. Valentin Gendrot hätte, wäre er enttarnt worden, selbst Opfer von Gewalt werden können.

Als Journalist und Schriftsteller, der seit den sechziger Jahren in Betrieben, Behörden und auch in Militärdiktaturen undercover recherchiert hat, weiß ich, wie hoch Gendrots Recherche einzuschätzen ist: Es ist etwas anderes bei der Polizei zu recherchieren als in den meisten Unternehmen. Die gesellschaftliche Debatte, die aus solch einer Offenlegung folgt, ist notwendig und – hoffentlich – nachhaltig.

Es ist bemerkenswert und vorbildlich wie Gendrot gänzlich unvoreingenommen an das Thema herangeht. Er versucht nicht, die Arbeit der Polizei zu delegitimieren oder ihnen grundsätzlich das Recht abzusprechen, notfalls Gebrauch von ihrem Gewaltmonopol zu machen. Er interpretiert seine Rechercheergebnisse ausdrücklich nicht als Gegner der Polizei. In seinen nüchternen Beschreibungen fühlt er häufig mit den überforderten Kollegen mit. Er versteht, dass neben mangelnder Ausbildung auch die Arbeitsbelastung und die schlechte Bezahlung ihren Anteil an Missständen im Polizeiapparat haben.

Das System, dem sich Gendrot erstmals schutzlos ausgesetzt hat, ist das der berüchtigten französischen Hauptstadtpolizei. Nach dreimonatiger Ausbildung und einigen Schießübungen, bei denen er aufgrund seiner Sehschwäche nicht einmal die Hälfte der Scheiben trifft, bekommt er eine scharfe Waffe ausgehändigt. Er ist nun Teil des Apparates, der – als Ultima Ratio – Gewalt ausüben darf, soll oder muss. Gewalt gegen diejenigen, die Gesetze brechen oder vermeintlich Gesetze brechen oder solche, die möglicherweise Gesetze brechen könnten. Schnell stellt er allerdings fest, dass viele seiner Kollegen Gewalt nicht als letztes Mittel sehen oder aus Notwehr anwenden: Er ist dabei, wenn Polizisten jungen Menschen mit Beleidigungen und Schlägen Willkür und Macht demonstrieren. Er sieht zu, wie ein Kollege außer Kontrolle gerät und im Einsatzwagen einen Jugendlichen zusammenschlägt – bevor er sich wie selbstverständlich durch das anschließende Protokoll entlastet und das Opfer massiv beschuldigt. Er protokolliert rassistische und homophobe Sprüche in Polizisten-Chatgruppen und erlebt, wie Verdächtige und ganze Bevölkerungsgruppen ganz selbstverständlich herabgesetzt und entwürdigt werden.

Gendrot diagnostiziert zweierlei: Die Polizei der französischen Hauptstadt hat ein massives Gewaltproblem. Und sie hat ein nicht weniger großes Rassismusproblem. Beides ist eng miteinander verbunden. Rassismus und Gewalt innerhalb der Polizei sind jedoch kein genuin französisches Problem. Zahlreiche Einzelfälle und diverse wissenschaftliche Untersuchungen belegen, dass auch die deutsche Polizei ein massives Gewalt- und Rassismusproblem hat – ebenso wie offenbar wurde, dass sie oftmals verhindert, eigene Fehler zuzugeben, eigenes Unrecht zu benennen, aufzuarbeiten und damit in Zukunft zu unterbinden.[33]

Beispielhaft sei an den Fall des Asyslsuchenden Oury Jalloh aus Sierra Leone erinnert, der im Keller eines Dessauer Polizeireviers ums Leben kam. Nach offiziellen Angaben soll er an Händen und Füßen gefesselt gewesen sein, sich aber trotzdem selbst verbrannt haben. Brandgutachter, Mediziner und Kriminologen sind sich einig, dass das nicht möglich ist. In Jallohs Fall ist gut dokumentiert, wie Beweismittel plötzlich verschwinden, Polizisten sich nicht mehr an Besprechungen und Absprachen erinnern können, sich decken, in Widersprüche verstricken, nachweislich lügen.

Auch mir werden immer wieder Schilderungen gravierender Missstände bei der Polizei zugetragen. Ein Beispiel: Vor einiger Zeit wurde ein junger Mann ohne jeden Grund Opfer von Polizeigewalt. Er wollte in einem Konflikt lediglich vermitteln, wurde aber vor Ort von einem herbeigerufenen Polizisten brutal zusammengeschlagen und am Boden fixiert, obwohl er sich nicht wehrte. Auf der Fahrt zum Polizeirevier beleidigte ihn der Beamte aufs Übelste. Im Gewahrsam der Polizei musste er sich einer entwürdigenden Prozedur unterwerfen und wurde schlussendlich mitten in der Nacht nur mit seiner Unterhose bekleidet vor die Tür des Reviers gesetzt. Seine restliche Kleidung wurde ihm wasserdurchtränkt hinterhergeworfen. Augenscheinlich war den zuständigen Beamten an der Demütigung ihres »Gegners« gelegen.

Eine Polizei-Anwärterin war von dem tätlichen Übergriff so geschockt, dass sie den Vorfall an ihre Vorgesetzten meldete.

33 Siehe u. a. *Tatort Polizei: Gewalt, Rassismus und mangelnde Kontrolle* von Jan Keuchel und Christina Zühlke, München 2021.

Auch das Opfer des Polizeiübergriffs erstattete Anzeige bei der Staatsanwaltschaft. In der Folge wurde die Polizei-Anwärterin, die zuvor immer Bestnoten erhalten hatte, aus dem Dienst entfernt, man ließ sie durch die nächste Prüfung fallen. – Es war sicher kein Zufall, dass ihr Prüfer ausgerechnet der gewalttätige Kollege war, dessen Verhalten sie zuvor angezeigt hatte. Das Opfer der Polizeigewalt wurde wegen Widerstands gegen die Staatsgewalt zunächst verurteilt, gegen die uniformierten Täter hingegen wurde erst mal gar nicht ermittelt.

Nach drei Jahren, Interventionen auch von mir und anderen Unterstützern und vielen kritischen Presseartikeln, kam in diesem Fall die Wahrheit ans Licht. Das angeklagte Opfer wurde rehabilitiert. Der zuständige Richter bekannte am Ende der Verhandlung: »[...] ich schäme mich im Grunde und bitte den Angeklagten für den Staat um Entschuldigung.« Nach einem Vergleich zahlte das Land Nordrhein-Westfalen dem Opfer ein Schmerzensgeld von 15 000 Euro. Die Polizei-Anwärterin, die vom Richter für ihre Zivilcourage und den Mut, gegen ihre Kollegen auszusagen ausdrücklich gelobt worden war, bestand ihre nächste Prüfung mit Bravour und konnte in den Polizeidienst zurückkehren. Ein Strafverfahren gegen die polizeilichen Schläger wurde jedoch, obwohl die Presse vielfach über den Fall berichtet hatte, wegen »mangelndem öffentlichen Interesse« eingestellt.

Um nicht aufzufallen und seine Recherche nicht zu gefährden, musste sich Gendrot immer wieder verleugnen, verzichtete darauf, rassistische Sprüche nicht an Vorgesetzte zu melden, musste prügelnde Kollegen decken, stand sogar Schmiere, als ein jugendlicher Migrant misshandelt wurde. Gendrot musste mitmachen, immer in der permanenten Furcht, enttarnt zu werden: Auch seine Albträume und seine körperlichen Symptome beschreibt er nachvollziehbar und eindringlich. Er diagnostiziert im Nachhinein: Ein Teil von ihm sei in diesen Monaten zu einem

Polizisten geworden. Nach solchen zum Teil traumatischen Erfahrungen geriet er in Versuchung, die Rolle zu beenden, um wieder zu seinem eigentlichen Ich zurückzufinden.

Aus der Erfahrung eigener Identitätswechsel weiß ich, dass das nicht so einfach geht: Wenn man derart lange eine andere Identität annimmt, verändert sich das eigene Denken und Fühlen: Die Sprache, die unter den Menschen in dem jeweiligen Milieu üblich ist und ihre täglichen Handlungsweisen sickern ins eigene Bewusstsein ein und verändern es. Ich habe das am stärksten in der Rolle als Hans Esser bei der *Bild*-Zeitung erlebt, meiner gröbsten Schmutzrolle mit extremster Selbstverleugnung: Anfangs empfand ich Selbstekel, wenn ich der Gier meines Redaktionsleiters nach einer effektheischenden Schlagzeile ausgeliefert war, wenn ich bei Recherchen falsche Beweggründe vorgab, Zitate aus Zusammenhängen riss, Informationen verdrehen musste. Doch nach und nach wurde mein Ich ein Anderer.

Wie seine Kollegen nannte Gendrot schwarze Jugendliche »Bastarde«. Man ging auf »Bastardjagd«. In Interviews schildert er, wie er selbst zusehends verunsichert, ängstlich und misstrauisch wurde. Noch heute schaue er sich auf der Straße oft um und werde in der Metro von diffuser Angst ergriffen.

Wie weit die Selbstverleugnung gehen kann, hat Gendrot selbstkritisch und überzeugend beschrieben, als er eine falsche Zeugenaussage machen musste. Ein Jugendlicher war von einem Polizisten verprügelt worden, zunächst bei seiner grundlosen Festnahme, später dann im Streifenwagen und auch auf dem Revier ging die Tortur weiter. Schließlich zeigte der Pariser Jugendliche den Polizisten an – eine Chance hatte er nicht. Gemeinsam mit drei anderen Beamten musste Gendrot falsch aussagen, der gewalttätige Polizist hätte den Jugendlichen nicht einmal angefasst.

Eine schwere Straftat – ein Meineid, der Gendrot hat zweifeln lassen, ob hier der Zweck die Mittel wirklich rechtfertigt. Durch die Veröffentlichung seines erschütternden Selbstversuchs hat Gendrot indes viel erreicht: Das Buch hat in Frankreich eine landesweite Debatte über Ausbildung, Gewalt und Rassismus bei der Polizei in Gang gesetzt – und den Blick auf Benachteiligung und Gewalt in anderen Bereichen der Gesellschaft geschärft. Es meldeten sich zahlreiche Menschen, auch aus den staatlichen Behörden, zu Wort, die sich über die Zustände entsetzt zeigten.

Auch der öffentlich dokumentierte Mord eines Polizisten an George Floyd in den USA hat eine weltweite Bewegung gegen Rassismus und Polizeigewalt ausgelöst. Neben unabhängigen Studien über die Strukturen der Polizei und auch anderen Behörden und Verwaltungen, in denen Menschen nach wie vor diskriminiert werden, braucht es Insider-Berichte aus dem Innersten dieser Systeme.

Das Beispiel der deutschen Polizei-Anwärterin zeigt: Es geht auch anders, aber dafür braucht es im derzeit herrschenden Polizeisystem viel Mut und Zivilcourage. Für die meisten zu viel. Denn es gibt neben dem Problem prügelnder und rassistischer Polizisten auch das Problem mangelnder Aufklärung, Transparenz und behördlicher Unabhängigkeit. So gibt es von Seiten der Staatsanwaltschaft fast nie das Interesse gegen Polizeibeamte zu ermitteln. Das ist ein dramatischer, ja gefährlicher Systemfehler: In Deutschland zum Beispiel werden 97 Prozent der Anzeigen gegen Polizisten wegen Gewaltdelikten fallen gelassen. Denn in Uniform haben Rassisten das Recht als Erste zuzuschlagen. Das unterscheidet sie von allen anderen Rassisten. Schlagen Rassisten ohne staatlichen Auftrag zu, können sie angeklagt und verurteilt werden. Wenn sie in Uniform handeln, meist nicht.

Gegen eine breit angelegte Studie zu Gewalt und Rechtsextremismus in deutschen Sicherheitsbehörden hat sich Innenminister Horst Seehofer trotzdem lange gesträubt. Vielleicht hatte er Sorge, dass die Verbindungen von rechtsradikalen Milieus, Polizei und Verfassungsschutz so eng verflochten sein könnten, dass eine umfassende Reform unumgänglich wäre.

Nur nach massivem öffentlichem Druck infolge von bekannt gewordenen rechtsextremen Polizisten-Chatgruppen in mehreren Bundesländern willigte Seehofer schließlich in einen doch eher faulen Kompromiss ein: Es soll nun eine Studie über Rassismus in der Gesellschaft geben – und eine, die sich auch mit Gewalt und Hass gegen Polizisten befasst.

Die Relativierung von Gewalt innerhalb der Polizei wird also vermutlich von Staats wegen weiter hingenommen. Und ebenso die Litanei der meisten politisch Verantwortlichen, die von »schwarzen Schafen« sprechen und »Einzeltätern«. Solange Anklagen der Opfer von Polizeigewalt verhindert beziehungsweise die Opfer selbst mit proaktiven Klagen der Polizei massiv eingeschüchtert werden, kann der rassistische und gewaltaffine Polizist, der das Gewaltmonopol ausüben darf, auch zuschlagen. Es fehlt eine neutral ermittelnde, also unabhängige Instanz.

In einigen europäischen Staaten wurden deshalb inzwischen unabhängige Beschwerdestrukturen aufgebaut, die Gewaltübergriffen der Polizei nachgehen. Kommt es zu strafrechtlichen Ermittlungen, haben diese Beschwerdestellen umfangreiche Befugnisse: Sie können Tatorte besichtigen, Zeugen vorladen und befragen, Beweismaterial beschlagnahmen und forensische Untersuchungen veranlassen. Die dänische Beschwerdebehörde kann von der Staatsanwaltschaft bereits eingestellte Strafverfahren gegen Polizisten sogar wieder aufnehmen.

Die Einrichtung unabhängiger Beschwerdestellen mit Strafermittlungskompetenz wäre eine logische Folgerung, die sich jedem aufdrängt, der Gendrots Buch gelesen hat. Es wäre ein Schritt, der nicht nur in Frankreich, sondern auch in Deutschland überfällig ist.